스승 예수
기도의 삶에게 배우다

하나님, 가을 숲에게 배우다

고진하 지음

꽃자리

차례

들어가는 말 '배움, 침묵, 고독, 순종'의 기도학교　008

01 경청하심으로 기도하시는 하나님
하갈의 기도__ 013

02 절대고독 속에서 하나님께 발돋움하다
야곱의 기도__ 025

03 단순한 기도를 드리는 작은 아이
모세의 기도__ 037

04 속마음을 털어놓는 기도는 하늘을 움직인다
한나의 기도__ 051

05 실패를 넘어 끊임없이 그분께 다가가기
엘리야의 기도__ 063

06 두 마음 품지 않고 당신을 받들면
사울과 다윗의 기도__ 075

07 눈물 속 회개를 그분은 더 반기신다
　　다윗의 기도___ 087

08 치유하시는 하나님과 항상 접촉하기
　　히스기야의 기도___ 099

09 아름다운 기도의 전사(戰士)
　　에스더의 기도___ 111

10 깨어 있는 하늘의 나팔수
　　하박국의 기도___ 121

11 숨어계신 하나님께 올리는 탄원
　　욥의 기도___ 133

12 고통의 숙명을 극복하다
　　야베스의 기도___ 145

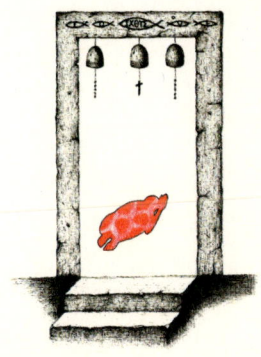

13 잠든 영혼을 깨우는 자명종
  아굴의 기도___ 159

14 하나님과의 간곡한 독대
  예수의 기도(1)___ 171

15 '서로 안에 있음'을 자각하라
  예수의 기도(2)___ 183

16 유혹, 깨어 있어야 할 이유
  예수의 기도(3)___ 195

17 빛을 감추고 먼지와 하나 되다
  예수의 기도(4)___ 207

18 용서, 사람을 살리는 신비한 영약
  예수의 기도(5)___ 219

19 하나님 안으로 풍덩 뛰어들어
베드로와 고넬료의 기도___ 231

20 '쉬지 않는 기도'의 향기
바울의 기도(1)___ 243

21 기도에 보금자리를 튼 성숙한 영혼
바울의 기도(2)___ 255

22 부족한 가운데서도 길직을 만드시는 하나님
바울의 기도(3)___ 265

23 당신 영혼의 가장 맛있는 부분을 주라
바울의 기도(4)___ 275

들어가는 말

'배움, 침묵, 고독, 순종'의 기도학교

기도는 하나님의 행복의 샘으로
물을 마시러 가도록 인도해준다.
기도는 하나님을 향한 황홀한 관상에의 도취이며
영원한 행복의 노래이다.
- 까를로 까레또, 《사막에서의 편지》

이 책은 유한한 인간이 무한한 생명과 접속한 기록을 상상력으로 엿본 것입니다. 이 책은 하나님의 숭고에 닿아 온몸으로 전율한 인간의 성스럽고 내밀한 체험을 추체험한 내역입니다. 이 책은 형언할 수 없는 하나님과 인간의 은밀한 사귐에 대해, 비밀의 정원을 탐색하듯 겸허한 마음으로 들여다본 기록입니다. 이 책은 까레또 수사의 말처럼 목마른 영혼들이 하나님의 행복의 샘에서 목마름을 해갈하고 기뻐 환성을 올리는 노래를 받아 적은 것입니다.

몇 년 전까지만 해도 제가 이런 책을 펴내리라곤 생각하지 못했습니다. 좀 더 깊은 기도의 체험이 있어야 쓸 수 있을 거라고 여겼기 때문입니다. 인생에는 때때로 예기치 않은 일이 벌어지곤 하지요. 두 해 전 겨울 어느 기독교 잡지의 기자가 찾아와 '성서 속 기도의 스승들'에 관해 써 달라고 요청했습니다. 그 무렵 저는 내설악에 있는 작가들을 위한 창작 공간에 은거해 시 쓰기에 몰입해 있었습니다. 하지만 푹푹 빠지는 눈길을 뚫고 찾아온 기자의 간곡한 요청을 저는 거절하지 못하고 말았습니다. 평소 제가 기도생활에 게으름을 피우니까 하나님이 이렇게 해서라도 기도공부를 하게 하셨던 걸까요.

매달 성서 속 기도의 스승들을 만나면서 저는 기도학교에 입학한 느낌이었습니다. 스승들을 가까이 만나면 만날수록 그동안 제가 만나온 하나님과의 사귐이 얼마나 얄팍했던가 하는 생각을 지울 수 없었습니다. 몇 천 년의 시차에도 불구하고 스승들의 삶의 고통과 눈물과 탄식과 기도는 저의 마음에 천둥처럼 큰 울림으로 다가왔습니다. 어느 날은 이런 스승의 목소리가 들렸습니다. "이보게, 진정 살아 있다는 건, 우리가 기도하고 사랑할 수 있다는 거야!" 이 목소리를 듣고 저는 기도학교의 교재

가운데 성서만한 것이 없음을 새삼 확인하게 되었습니다.

성서 속 기도의 스승들의 삶을 엿보며 깨달은 것은, 하나님은 우리를 고통의 젖을 먹여 키운다는 사실입니다. 장사를 하면서 영원을 생각할 시간을 내기 어렵다는 말이 있지만, 우리는 고통이 없으면 선뜻 기도의 성소로 나아가지 않습니다. 그런 의미에서 '고통은 하나님을 향해 가장 빨리 달리는 말馬'이라는 어느 수도자의 말을 수긍할 수 있습니다. 물론 고통이나 슬픔 자체가 우리의 길잡이가 될 수는 없지만, 우리는 고통이나 슬픔을 통해 비로소 하나님을 벗 삼는 기도학교에 입학하게 되는 것은 아닐까요.

그 기도 학교의 커리큘럼엔 비움, 침묵, 고독, 순종 같은 필수 과목들이 있습니다. 기도의 스승들은 파란만장한 생의 여정을 통과하면서도 그런 과목들을 온전히 이수함으로써 '세상이 주지 못하는' 기쁨과 평안, 안식, 황홀, 행복에 이를 수 있다는 걸 보여주었습니다. 모름지기 스승들은 기도를 통해서만 우리 실존과 하나님이 같은 눈높이로 서로 마주보고 서로 내밀히 교감할 수 있다는 걸 일깨워준 것이지요.

기도의 소중함에 눈뜬 우리의 영혼이 이제 막 잉태된 태아 같을지라도 기도의 성소에 드는 걸 망설일 필요는 없습니다. 눈동자처럼 우리 영혼을 살피시고 먹이시는 분이 쿵쿵 뛰는 우리 심

장보다 더 가까이 계시니까요. 코끝으로 드나드는 들숨날숨을 정성껏 헤아리다 보면 우리는 우리보다 크신 이의 신성한 숨결을 느낄 수 있습니다. 이러한 느낌이 생생해지는 순간들이 지속되기를 바라는 것은 우리보다 앞서 기도의 들숨날숨을 삶의 중심추로 삼았던 스승들 덕분입니다. 감사하지 않을 수 없습니다.

지금 산과 들엔 봄꽃들이 만발하지만 오늘 우리네 살림살이는 영혼의 춘궁春窮입니다. 어둡고 혼미한 밤입니다. 어느 시인의 말처럼 '신력神曆의 해시계가 멈춘 사막'과도 같습니다. 기도로 사막의 메마름을 통과하며 영원히 마르지 않는 생명의 오아시스를 찾아낸, 기도의 스승들의 여명의 지혜에 귀 기울일 때입니다. 다른 방편이 없습니다.

사뭇 부족한 글을 품어 책의 꼴을 만들어준 〈꽃자리〉의 한종호 목사님, 이 책이 나오기를 기다리며 격려해준 여러 벗들, 매주일 함께 모여 조금씩 마음공부의 깊이를 더해가는 한살림교회 식구들에게 고마움을 전합니다.

2013년 꽃봄 원주 승안동에서

01
경청하심으로 기도하시는 하나님

하갈의 기도

하나님의 음성을 경청하는 것이
우리의 기도가 되어야 하는 것처럼,
하나님도 경청하심으로 우리를 위해 기도하십니다.
하나님이 귀 기울여 경청하실 때,
세상에서 고통 받는 이들의 아픔은
곧 하나님의 아픔이 됩니다.

꿈 없이 살던 한 여인이 꿈을 잉태했습니다.

더부살이 식물처럼 몸종으로 살던 기구한 운명의 여인. 밥 짓고 빨래하고 집짐승들을 거두며 여주인 사라에게 몸 붙여 살던 몸종, 하갈! 그녀는 몸이 익을 대로 익어 남자의 씨앗을 받을 태가 꿈틀대고 있었습니다. 하지만 온갖 노동으로 더럽혀진 몸을 씻을 겨를도 없는 그녀의 삶은 고단합니다.

하나님의 숨을 얻어 살게 해 달라는 간구

몸은 분명 제 안에 생명을 품을 수 있는 여자의 몸이었지만, 그녀의 처지와 신분은 몸의 자연스런 욕망을 받아낼 수 없었습니다. 그녀는 여자가 아니라 천덕꾸러기 몸종일 뿐이었습니다.

그런 그녀가 꿈을 잉태했습니다. 여주인 사라가 아이를 생산할 수 없는 석녀였기 때문입니다. 하갈은 사라를 대신해 아브라함 집안의 대를 이어갈 씨받이가 되었습니다. 자기 의지와는 무관한 일이었습니다. 또한 주인 남자의 씨앗을 태胎에 품어도 그녀의 신분에는 어떤 변화가 있을 수 없었습니다.

하지만 아기를 잉태하고 난 뒤 하갈은 잠재되어 있던 꿈이 요동치기 시작했습니다. 그 꿈은 그녀를 '몸종'에서 '여자'로 만들었습니다.

여자라는 자각이 일자 하갈은 몸종으로 살아온 자신의 처지를 망각했습니다. 여주인 사라가 자신과 대등한 여자로 여겨진 것일까요. 하갈은 석녀인 여주인을 깔보기 시작했습니다. 그것은 몸종의 처지를 망각한 어리석은 처신이었습니다.

하갈의 그런 처신은 여주인 사라의 분노를 자아냈습니다. 아브라함 역시 자기 아내를 편들어 하갈을 학대하는 것을 방임했습니다. 사라의 학대를 견디지 못한 하갈은 사막으로 도망칩니다. 그녀가 잠시 품었던 꿈은 물거품이 되는 듯싶었습니다. 사막의 한 샘 가에 퍼질러 앉은 하갈은 딱히 어디로 갈 데 없는 막막함과 허탈감을 씹고 있었습니다. 바로 이 때, 하나님의 천사가 나타납니다.

> 하갈아, 네가 어디서 와서, 어디로 가는 길이냐?… 네가 고통 가운데서 부르짖는 소리를 주께서 들으셨다(창세기 16:8-11).

그렇게 묻고 대답하는 중에, 하나님은 절망에 빠진 하갈의 내면에서 꺼져가던 꿈의 불길을 솔솔 살려냅니다.

하갈이 고통 가운데서 부르짖은 것은 무엇이었을까요. 기구한 운명의 태로 받아낸 생명, 하나님의 숨을 얻어 살게 해 달라는 간구가 아니었을까요. 하갈의 절절한 외침을 하나님은 외면하지 않으셨습니다. 하갈은 감동에 젖은 음성으로 자신의 처지를 외면하지 않으시는 분을 '엘 로이(보시는 하나님!)' 라고 호명합니다.

하갈은 천사의 권고를 따라 주인의 집으로 돌아가 아들 이스마엘을 생산합니다. 그 뒤에 그녀는 다시 한 번 하나님의 은총을 경험합니다. 이스마엘이 성장한 뒤에 일어난 사건입니다.

어느 날 사라가 보니, 자기가 늙어서 얻은 금지옥엽 같은 어린 아들, 하나님의 약속으로 태어난 아들 이삭이 몸종의 소생인 이스마엘과 놀고 있었습니다. 얼마나 자연스럽고 아름다운 광경입니까. 하지만 사라의 가슴엔 시샘과 분노가 끓어올랐습니다.

아니, 종의 자식 따위가 감히 내 자식과 어울리다니! 곁에 그대로 두면 안 되겠는 걸!

사라는 자기 태로 낳은 자식이 받을 유산을 종의 아들 이스마엘과 나누어 갖게 하고 싶지 않았던 것입니다.

아이의 울음소리를 긍휼과 측은지심으로 경청하시는 분!

아브라함은 자기 씨로 낳은 같은 자식인지라 몹시 괴로웠지만, 정실부인의 청을 거절하지 못하는 그런 위인이었습니다. 하나님에게는 모든 생명이 똑같이 귀합니다. 주인의 아들이나 종의 아들이나! 하지만 인간은 종의 아들을 차별합니다., 주인의 아들과 종의 아들의 차이는 하늘과 땅 만큼이나 컸습니다. 하늘의 명[天命]을 받든다는 아브라함도 별 수 없었습니다. 그 역시 자기 종족이 살아온 관습의 굴레를 깨지 못합니다.

하지만 일말의 연민은 남아 있었을까요. 아브라함은 입에 풀칠할 먹거리와 물 한 가죽 부대를 가져다가 하갈의 어깨에 메어준 뒤 모자를 집에서 떠나보냅니다.

하갈은 아들과 함께 다시 황량한 빈들을 정처 없이 헤매 다니는 유랑자가 됩니다. 불볕과 모래바람 속을 헤매던 그들은 얼마 지나지 않아 마실 물과 먹거리가 동이 납니다. 물과 양식이 떨어지자 어린 아들 이스마엘은 목마름과 굶주림을 견디지 못

해 황량한 빈들의 메마른 덤불 아래 쓰러집니다. 하갈은 쓰러진 어린 아들 이스마엘을 끌어안고 함께 통곡합니다. 탈진해 죽어가는 자식을 비파처럼 끌어안고 흐느끼는 모성(母性)!

아이가 죽어가는 꼴을 차마 볼 수가 없구나!

절체절명의 위기, 그렇습니다. 한 생명이 죽어가는 것보다 더 큰 삶의 위기가 어디 있겠습니까. 그 어디에서도 도움을 구할 수 없는 궁지에 몰린 하갈. 그러나 하나님에게 도움을 구했다는 기록조차 없습니다. 하갈은 하늘이 무너질 것 같은 절망의 바닥에 털썩 주저앉아 울부짖고 있을 뿐입니다. 생의 처절한 궁지에 몰린 욥의 울부짖음이 연상됩니다.

아, 나의 괴로움을 달아보며 내가 당한 재앙을 저울 위에 모두 올려놓을 수 있다면 바다의 모래보다도 무거울 것이라(욥기 6:2).

하나님은, 눈에 넣어도 아프지 않을 자식의 고통을 보며 흘리는 이런 눈물을 외면하실 수 없는 것일까요. 홀연 하갈의 귓전에 하나님이 보낸 천사의 음성이 들립니다.

하갈아, 어찌 된 일이냐? 무서워하지 말아라. 아이가 저기에 누워서 우는 저 소리를 하나님이 들으셨다(창세기 21:17).

죽어가는 아이의 울음을 '어미'만 아니라 '하나님'도 들으셨다고! 아이를 살려달라고 떼쓰지도 않았는데, 아이의 울음소리를 '들으시는' 분! 긍휼과 측은지심으로 경청하시는 분!

그분도 들으시고 저도 듣습니다

길바닥에 버려진 채 울부짖는 사람들의 아픔에 귀 기울이며 살았던 성녀 마더 테레사! 테레사는 인도 캘커타에서 살면서 버림받는 이들을 돌보며 활동하던 당시, 여명이 동트기 전 몇 시간씩 하나님 앞에 엎드렸다고 합니다. 어느 날 기자 한 사람이 찾아와 물었습니다.

"수녀님은 새벽마다 하나님께 무슨 기도를 올리십니까?"
테레사 수녀가 대답했습니다.
"저는 듣습니다."
기자가 의아한 낯으로 다시 물었습니다.
"수녀님이 들으실 때 하나님은 어떤 말씀을 들려주십니까?"

"그분도 들으십니다."

'경청'의 깊은 뜻을 이토록 잘 전해주는 이야기가 또 있을까요. 하나님의 음성을 경청하는 것이 우리의 기도가 되어야 하는 것처럼, 하나님도 '경청'하심으로 우리를 위해 기도하신다는 것. 하나님이 이처럼 귀 기울여 경청하실 때, 세상에서 고통 받는 이들의 아픔은 곧 하나님의 아픔이 됩니다.

울부짖는 자식 때문에 고통 받는 어미 하갈의 아픔과 하나님의 아픔은 둘이 아닙니다. 어미가 눈물 흘릴 때 하나님도 눈물을 흘리십니다. 하갈의 아픔 속으로 들어가, 그 아픔을 함께 나누는, 하나님의 마음은 곧 어미의 마음입니다. 성공회 신학자인 매튜 폭스도 자비의 의미에 대해 이렇게 말했습니다.

> 자비는 타자의 고통과 아픔을 아는 것이 아니다. 그것은 어느 면에서는 그러한 아픔을 알고, 그 아픔 속으로 들어가서, 그것을 나누고, 가능한 한 그것을 맛보는 것이다.

지금도 우리가 사는 이 땅별에는 무수한 하갈들의 울음소리가 들리고 있습니다. 팔레스타인에서, 시리아에서, 북한에서 고통 받는 하갈들의 피와 눈물이 대지를 뜨겁게 적시고 있습니다.

이 순간도 굶주림, 전쟁, 살육, 학대, 불평등 따위로 괴로워하는 이들의 신음소리를, 하나님은 듣고 계실까요?

아니, 우리의 귀가 밝아져 그 신음소리를 들을 때 그 소리를 듣는 우리의 귀는 곧 하나님의 귀가 됩니다. 어미 하갈의 아픔이 곧 하나님의 아픔이었던 것처럼, 우리가 하갈들의 아픔에 동참하면 하나님이 그 아픔에 동참하시는 것이 됩니다. 이것이 곧 하나님이 일하시는 방식입니다. 얼마나 놀라운 신비입니까.

예수께서도 말씀하셨습니다. '아버지께서 일하시니 나도 일한다!' 고. 하나님이 일하시니 우리도 일해야 합니다. 그것은 곧 하나님의 몸인 세상의 아픔에 자비심을 가지고 동참하는 일입니다.

당신 자녀의 아픔을 당신의 아픔으로 여기시는 하나님은 '자비의 모성'을 지니신 분입니다. 하나님의 형상으로 창조된 우리도, 생래적으로 이 자비의 모성을 지니고 태어났습니다. 우리가 하나님의 몸인 세상의 아픔을 위해 기도할 때마다 우리는 우리 자신이 하나님처럼 자비의 모성을 지닌 존재임을 자각해야 합니다. 이런 자각은 우리를 나날이 영적으로 성숙하게 할 것입니다.

하갈의 고통에 동참하신 하나님, 어미와 같은 마음을 지니신 하나님은, 하갈의 눈을 열어주셨습니다. 그 순간 비로소 하갈은 볼 수 있었습니다. 쾰쾰쾰 솟구치는 샘을!

죽어가는 아이를 살릴, 구원은 멀리 있지 않았습니다. 자비로운 하나님의 '거룩한 모성' 안에 있었습니다.

02

절대고독 속에서
하나님께 발돋움하다

야곱의 기도

―――

그는 고독의 절정에서 하나님께 발돋움할 수 있는
가능성을 열게 되었던 것처럼 보입니다.
그런 발돋움을 위한 그의 집념과 끈기, 단호한 자세는
후세의 귀감이 되기에 충분합니다.
그것은 곧 영적 성장의 주추를 놓는 일이니 말입니다.

나무에 열린 탱탱한 결실은 나무의 주인을 흐뭇하게 합니다. 사람 또한 그렇지 않을까요. 우리 또한 탱탱하게 잘 여물어야 우리 생명의 주인께서 흐뭇해하십니다. 설익은 과실이 떫듯이 덜 여문 존재는 조물주의 마음을 기쁘게 할 수 없습니다. 그러나 다행스러운 것은 하나님께서는 당신의 사랑하는 자녀가 잘 여물기까지 참고 기다려주신다는 것입니다. 당신의 사랑하는 자녀가 철이 들어 온전히 귀의하기까지 하나님께서는 자비의 가슴을 열고 기다리십니다.

야바위꾼 야곱!

성서 속에도 하나님께 귀의하기까지 오랜 세월 타향을 떠돌던 인물이 있습니다. 바로 야곱입니다. 유랑민처럼 떠돌아다니던 그가 당신의 집으로 돌아오기까지 하나님은 오랜 세월 큰 품을 열어놓고 기다리셨습니다.

그토록 오랜 세월 방랑하던 야곱. 과연 그런 인물이 우리 기도의 길잡이가 될 수 있을까요? 하나님의 뜻이라면 군말 없이 순종했던 '순천順天'의 사람 아브라함이나, 물이 귀한 시절 자기가 파놓은 우물을 빼앗기면 그냥 양보하고 다른 곳으로 가서 우물을 팠던 도량 넓은 이삭과 비교할 때, 야곱은 인간적인 덕이 부족한 사람으로 느껴지기에 하는 말입니다.

성질 급한 형 에서의 약점을 노려 팥죽 한 그릇으로 장자권을 빼앗고, 자기를 편애하는 어머니 리브가와 함께 눈먼 아버지를 속여 형이 받을 축복을 가로챈 인물이 바로 야곱 아닙니까?

야바위꾼 야곱! 그렇습니다. 형 에서의 복수가 무서워 외삼촌이 있는 하란 땅으로 도망치다가 베델에서 하나님을 대면하기까지, 야곱은 야바위꾼 이상도 이하도 아니었습니다.

하나님은 아직 그의 안중에 없었습니다. 일신의 안락과 소유에 대한 갈망만이 그의 삶의 전부였던 것처럼 보입니다. 지상의 피조물들에 대한 갈망에 붙들려 있는 한, 하나님에 대한 갈망이 깃들 존재의 여백은 생길 수 없는 법. 빈 항아리라야 무엇을 담을 수 있는 것처럼 지상의 것들에 대한 숱한 갈망이 비워질 때 하나님을 생명의 주인으로 모실 수 있지 않겠습니까.

중세 수도승 마이스터 엑카르트는 말합니다.

하나님은 피조물이 끝나는 곳에서 시작하십니다. 여러분의 존재는 피조물입니다. 그러하기에 하나님은 여러분이 여러분 자신에게서 벗어나서, 하나님을 여러분 안에 모셔 들이기만을 바라십니다.

그러나 야곱은 아직 하나님을 모실만한 그릇이 되지 못했습니다. 그런 야곱에게 기이한 일이 일어납니다. 사람의 생각으로는 헤아릴 수 없는 엄청난 일이! 홀연, 하나님이 그를 찾아오신 것입니다.

홀연히 찾아오신 하나님

야곱이 광야 길로 도망치다가 날이 저물어 돌베개를 베고 잠을 자고 있을 때였습니다. 야곱의 꿈에 문득 놀랍고 신비로운 광경이 펼쳐집니다. 갑자기 땅에서 하늘까지 닿는 빛의 사닥다리가 나타나고, 그 사닥다리에는 이전엔 전혀 본 적이 없던 눈부신 천사들이 오르락내리락하고 있습니다. 그리고 사닥다리 꼭대기에는 하나님께서 나타나 친히 축복의 말씀을 내려주십니다.

나는 주, 너의 할아버지 아브라함을 보살펴 준 하나님이요, 너의 아버지 이삭을 보살펴 준 하나님이다. 네가 지금 누워 있는 이 땅을, 내가 너와 너의 자손에게 주겠다. 너의 자손이 땅의 티끌처럼 많아질 것이며, 동서남북 사방으로 퍼질 것이다. 이 땅 위의 모든 백성이 너와 너의 자손 덕에 복을 받게 될 것이다(창세기 28:13-14).

그야말로 은총의 보화를 값없이 한 아름 안겨주신 것. 하나님에 대한 지순한 갈망도 없는, 자기 육신의 소욕만 좇아 살아왔던 야곱이 아닙니까. 그런 야곱이기에 하나님께서 측은하게 여기신 것일까요. 성서의 기록을 보면, 하나님의 음성을 듣고 야곱은 몹시 놀라 큰 두려움에 사로잡혔다고 합니다.

'주께서 분명히 이곳에 계시는데도, 내가 미처 그것을 몰랐구나.' 그는 두려워하면서 중얼거렸다. '이 얼마나 두려운 곳인가! 이곳은 다름 아닌 하나님의 집이다. 여기가 바로 하늘로 들어가는 문이다'(창세기 28:16-17).

야곱의 이런 고백은 그를 '기도의 입문자'처럼 보이게 합니다. 지금 여기 내가 머무는 곳을 '하나님의 집'으로 여기는 것이 기도가 아니던가요. 하나님을 자기 영혼이 깃들 보금자리로 삼는 것이 기도가 아니던가요. 그렇게 찾아오신 하나님의 거룩한 현존 앞에서 야곱은 경이로움에 사로잡힙니다.

그러나 야곱이 이 사건으로 인해 진정한 기도의 사람으로 거듭난 것은 아니었습니다. 그를 사무치게 했던 경이감도 일시적인 것일 뿐이었습니다. 무릇 기도는 육체의 욕망과 타성의 굴레를 벗어나 전혀 새로운 삶의 방식으로 들어서는 것을 의미하는 것이 아닙니까. 야곱은 아직 기도의 사람으로 거듭날 만큼 훈련받지 못했습니다. 진정 기도의 사람으로 거듭나기 위해서는 더 많은 시련과 고통을 통한 훈련이 필요한 것인지도 모릅니다.

하란 땅에 도착한 야곱은 외삼촌 라반의 집에서 새로운 삶을 시작하였습니다. 환경은 달라졌지만 야곱의 옛 모습은 달라진 것이 없었습니다. 야곱은 여전히 낡은 존재의 집에 갇혀 있었습니다.

야곱은 아내 둘을 얻기 위해 라반의 꾐에 속아 무려 21년 동안 품팔이를 하고, 아내 둘과 그 여종들에게서 12명의 아들을 얻고, 긴 세월 동안 숱한 우여곡절을 겪었습니다. 하지만 야곱의 영적 품성은 변치 않았고 옛 모습 그대로였습니다. 여러 명의 자식을 얻고 속임수로 재산을 증식하는 것에 혈안이 된 삶, 그것이 하란에서 젊은 시절을 보낸 야곱의 면목이었습니다.

우리는 아직 야곱의 삶에서 팔팔한 영혼의 진보를 느낄 수 없습니다. 기도하는 사람에게서 풍기는 그윽한 영혼의 향기도 맡을 수 없습니다.

재산 증식에 성공한 야곱은 외삼촌 라반의 손아귀를 벗어나는 데도 성공합니다. 하지만 고향 땅으로 돌아가는 길에 큰 시련에 봉착합니다. 걱정하던 대로 형 에서가 시종 400명을 거느리고 자기를 만나러 온다는 소식을 듣게 된 것입니다. 불길한 소식이었습니다. 야곱은 형 에서의 환심을 사기 위해 종들을 통해 에서에게 줄 선물과 가축과 가족들까지 앞서 보내고 난 뒤 얍복 강가에 혼자 남습니다. 칠흑의 어둠과 처절한 고독 속에 홀로 내던져진 것입니다.

> 야곱이 뒤에 홀로 남았는데, 어떤 분이 나타나 야곱을 붙잡고, 동이 틀 때까지 씨름을 하였다. 그분은 도저히 야곱을 이길 수 없다는 것을 알고서, 야곱의 엉덩이뼈를 쳤다. 야곱은 그와 씨름을 하다가 엉덩이뼈를 다쳤다(창세기 32:24).

야곱은 이 씨름에 목숨을 걸었던 듯합니다. 엉덩이뼈가 부러질 만큼 격렬했던 야곱의 씨름이 의미하는 것은 무엇일까요.

보복의 칼날을 겨누며 다가오는 절체절명의 위기 앞에 선 야곱! 하지만 위기는 삶의 새로운 기회이기도 하다 했던가요.

'고독'의 절정에서 '영원의 먼 끝'을 향한 발돋움

야곱은 위기에 직면한 순간 그토록 애면글면 모았던 재산과 자식들도 부질없는 것으로 느끼지 않았을까요. 이제 그를 에워싸고 있는 것은 칠흑의 어둠과 절대고독 뿐. 야곱은 그 망망대해 같은 고독 속에서 자기 생의 원천을 찾는 모험을 감행합니다. 그것이 곧 그 씨름의 의미가 아니었을까요.

> 나는 이제야 내가 생각하던
> 영원의 먼 끝을 만지게 되었다.
>
> 그 끝에서 나는 눈을 비비고
> 비로소 나의 오랜 잠을 깬다.
>
> 내가 만지는 손끝에서
> 영원의 별들은 흩어져 빛을 잃지만,

내가 만지는 손끝에서
나는 내게로 오히려 더 가까이 다가오는
따뜻한 체온을 새로이 느낀다.

김현승의 시 〈절대고독〉입니다. '고독'의 절정에서 '영원의 먼 끝'을 만지게 된 시인은 비로소 '내게로 오히려 더 가까이 다가오는/따스한 체온'을 느끼게 되었다고 고백합니다. 시인의 가슴에 느껴진 그 따뜻한 체온은 곧 절대자와의 대면을 의미하는 것이 아닐까요.

야곱 역시 고독의 절정에서 하나님께 발돋움할 수 있는 가능성을 열게 되었던 것으로 보입니다. 그런 발돋움을 위한 야곱의 집념과 끈기, 단호한 자세는 후세의 귀감이 되기에 충분합니다. 그것은 곧 영적 성장의 주추를 놓는 일이니 말입니다!

야곱은 '하나님'과의 씨름에서 이긴 직후 "내가 하나님과 얼굴을 맞대고서도 이렇게 멀쩡히 살아 있다니!"하며 크나큰 두려움을 토로합니다. 이것은 야곱이 자기 안에 내주하시는 하나님의 현존에 대한 생생한 실감을 표현한 것입니다. 이것은 목숨을 건 기도를 통해 야곱이 얻어낸 무엇보다 값진 열매입니다.

이제 작명가 하나님은 야곱에게 '이스라엘'이라는 영광스러운 새 이름도 얹어 주시는데, 그것은 야곱의 거듭남[新生]을 암시하는 것이었습니다. 한 개인에게 하사된 '이스라엘'이라는 이름은 히브리 민족을 가리키는 이름이 됩니다.

이 거듭남 이후에 일어나는 사건들, 예컨대 원수 사이나 다름없던 에서와의 극적인 화해, 그토록 그리워하던 고향 땅으로 들어가는 축복 또한 기도로 하나님께 든든히 뿌리내린 뒤에 야곱이 덤으로 얻은 선물입니다.

성 프란체스코에 대해 어떤 작가가 말한 것처럼 이제 야곱과 하나님, 이 둘 사이에는 무한한 확장이 있을 뿐 단절은 없습니다. 불어나는 신뢰와 기쁨의 강물은 기도의 사람 야곱의 마음을 적신 뒤 사방으로 흘러넘쳐 온 땅을 뒤덮을 것입니다.

03

단순한 기도를 드리는 작은 아이

모세의 기도

그는 때때로 고집도 세고 성질도 난폭하고
인간적으로 약점도 많은 사람이었으나
하나님 앞에서는 항상 무릎을 꿇는 겸손을 지니고 있었습니다.
그는 한 민족의 장래를 걸머진 위대한 지도자였지만,
하나님 앞에서는 단순한 기도를 자주 드리는
'작은 아이'에 불과했습니다.

우리 삶의 순간순간이
하나님께로부터 오는 메시지들로 가득 차 있다.
'오, 주님!' 하고 부르짖는 모든 음성에
그분은 골백번 대답하신다.
'나 여기 있다!' 고.

페르시아의 신비시인인 잘랄루딘 루미의 말입니다. 우리가 항상 깨어 있다면, 이 시인의 말처럼 우리는 하나님께로부터 오는 메시지를 잘 들을 수 있습니다. 우리의 삶 속에서 하나님께서 관여하시지 않는 순간은 없으니까요.

'하나님!' 하고 부를 때마다 '나 여기 있다!'

이 시가 문득 떠오른 것은 모세 때문입니다. 모세는 어린아이처럼 천진무구한 성정을 가지고 있습니다. 모세의 이런 성정

03 단순한 기도를 드리는 작은 아이
__모세의 기도

이야말로 그의 나이 팔십 세가 되어서도 하나님을 직접 대면할 수 있는 바탕이 아니었을까요. 모세가 시도 때도 없이 '하나님!' 하고 부를 때마다 하나님은 '나 여기 있다!'고 골백번 대답하셨습니다. 이런 점에서 평범한 목동으로 살아온 모세는 기도의 훌륭한 길잡이입니다.

이집트의 바로 왕에게 쫓겨 미디안 땅에서 새 삶의 터전을 마련하고 양떼를 치며 살던 모세. 그는 어느 날 양떼를 이끌고 호렙산 기슭으로 갔다가 떨기나무에 불이 붙었으나 불에 타지는 않는 기이한 광경을 목도합니다. 팔십 세가 되도록 이런 놀라운 광경은 처음이었습니다. 더 놀라운 것은 바로 거기서 모세는 난생 처음 신비로운 음성에 사로잡히는데, 그것은 곧 숨어계신 하나님의 음성이었습니다. 경이로움에 사로잡힌 모세가 불 붙는 떨기나무를 보러 가까이 나아가자, 그 신비로운 음성이 그의 발걸음을 멈춰 세웁니다.

> 이리 가까이 오지 마라. 네가 서 있는 땅은 거룩한 땅이니, 네 발에서 신을 벗으라(출애굽기 3:5).

왜 하나님은 가까이 오지 말라고 하셨을까요? 그것은 모세가 거룩한 곳에 자신이 서 있다는 사실을 전혀 모르고 있었기 때문입니다. 얼마나 놀랐을까요? (헉!) 맨날 양떼에게 풀을 뜯기던 이런 평범한 곳에 하나님이 계시다니! 풀과 나무와 돌들이 널려 있는 이런 흔해빠진 장소가 성소聖所라니! 아마도 모세는 이런 장소에서 하나님을 대면하는 엄청난 사건이 일어나리라고는 꿈에도 생각하지 못했을 것입니다. 이게 꿈이야 생시야, 하며 제 살을 꼬집어보지 않았을까요?

오늘 우리의 처지도 마찬가지입니다. 하나님은 교회나 성당 같은 곳에 더 많이 계신 것도 아니고, 산이나 강, 들판에 더 적게 계신 것도 아닌데, 우리는 교회나 성당 이외의 곳에서 살아계신 하나님을 발견하지 못하는 경우가 많습니다. 그 까닭은 우리가 하나님은 특별한 시공간에만 계신다는 고정관념 속에 갇혀있기 때문입니다. 이런 고정관념은 모든 존재의 배후에 살아계신 하나님을 보지 못하도록 우리의 눈을 청맹과니로 만듭니다.

모세는 하나님과의 이 첫 대면 이후 언제 어디서나 '기도하는 사람'으로 탈바꿈합니다. 한 인생의 종교적 서막이 활짝 열린 것입니다. 맨날 양떼의 울음소리나 듣던 이가 천명天命을 엿듣는 존재로 바뀐 것입니다. 보이는 땅의 것만 천착하고 살던 존재가 보이지 않는 하늘을 바라보는 새로운 안목을 지닌 존재로 환골탈태한 것입니다.

03 단순한 기도를 드리는 작은 아이
_모세의 기도

어린아이 같은 순진무구한 성품

어느 날 모세는 고통받는 히브리 백성을 바로 왕의 압제에서 구해내라는 하나님의 명을 받습니다. 양떼나 치던 일개 목동에게 한 민족을 책임지는 지도자가 되라는 어처구니없는 요구였습니다. "어찌하여 하나님은 내게 그런 엄청난 요구를 하신단 말인가…?"

모세는 그런 일을 감당할 능력이 자기에게는 없으니 제발 그런 요청을 거두어 달라고 호소합니다. 하나님은 그의 호소를 들은 체도 않으시고 대신 뛰어난 마술사나 지닐 법한 놀랍고 신비로운 이적을 보여줍니다. 모세의 손에 들린 지팡이를 뱀이 되게 하고, 뱀의 꼬리를 잡자 다시 지팡이가 되는 이적을……. 하지만 모세는 자기는 도무지 말솜씨가 없다며 하나님께 온갖 핑계를 대며 거절합니다.

그러자 하나님은 '네가 말솜씨가 없다고 하니, 네가 바로 왕 앞에 나가 말할 때마다 너를 도와, 네가 무슨 말을 할지 가르쳐 주겠다.'고까지 말씀하시지만, '제발 주님께서 보내실 만한 이를 보내십시오.'라고 대꾸해 하나님의 화를 돋우기까지 합니다.

모세의 이런 태도에서 우리는 그가 얼마나 어린아이 같은 순진무구한 성품을 지녔는지 알 수 있습니다. 팔십이라는 나이

와는 상관없이 파릇파릇한 젊음의 영혼을 간직하고 있었던 것이지요. 하나님은 이런 순진무구한 성품을 지닌 사람을 사랑하시며 당신의 일을 맡길 만한 '사명의 그릇'으로 여기시는 것이 아닐까요. 하나님은 당신의 거룩한 일을 "지혜 있고 총명한 사람에게는 감추시고, 철부지 어린아이들에게 드러내"(누가복음 10:21)시는지도 모릅니다.

모세가 말썽 많은 히브리 백성과 더불어 파란만장한 출애굽의 기나긴 여정을 헤쳐 나갈 수 있었던 것은 하나님에 대한 어린아이 같은 순수한 신뢰 때문이 아니었을까요. 모세는 위대한 영웅임에 틀림없지만, 그가 기도하는 모습을 보면 때로는 철딱서니 없는 어린아이 같이 느껴지기도 합니다. 고상한 구석이나 어른다운 아량도 찾아볼 수 없으니 말입니다.

한 예로, 다베라라는 광야에 머물던 이스라엘 백성들이 고기를 배불리 먹던 이집트에 살던 시절을 그리워하며 울부짖자, 모세가 몹시 마음이 상해 하나님께 불평하는 대목을 보면 그렇습니다.

어찌하여 주께서는 주의 종을 이렇게도 괴롭게 하십니까? 어찌하여 저를 주님의 눈 밖에 벗어나게 하시어, 이 모든 백성을 저에게 짊어지우십니까? 이 모든 백성을 제가 잉태하기라도 했습니까? 제가 그들을 낳기라도 했습니까? 어쩌하여 저더러, 주께서 그들의 조상에게 맹세하신 땅으로, 마치 유모가 젖먹이를 품듯이, 그들을 품에 품고 가라고 하십니까? 백성은 저를 보고 울면서 '우리가 먹을 수 있는 고기를 달라!' 하고 외치는데, 이 모든 백성에게 줄 고기를, 제가 어디서 구할 수 있습니까? 저 혼자서는 도저히 이 모든 백성을 짊어질 수 없습니다. 저에게는 너무 무겁습니다. 주께서 저에게 정말로 이렇게 하셔야 하겠다면, 그리고 제가 주님의 눈 밖에 나지 않았다면, 제발 저를 죽이셔서, 제가 이 곤경을 당하지 않게 해주십시오(민수기 11:11-15).

모세는 이처럼 자기의 속마음을 있는 그대로 드러냅니다. 철부지 아이가 엄마에게 칭얼대듯이 가식 없는 속내를 하나님께 꺼내 보입니다. 이것이 곧 모세가 하나님과 직통전화를 개설하고 서로 터놓고 지낼 수 있었던 진면목이 아닐까요. 성서에는 이처럼 하나님과 직통전화로 교신한 인물이 몇 되지 않습니다.

03 단순한 기도를 드리는 작은 아이
_모세의 기도

눈 먼 거북처럼 좌충우돌하는 저를…

모세에게서 우리가 배울 것은 이런 '단순한 기도'입니다. 우리가 소소하고 비루한 일상 속에서 일어나는 숱한 문제들을 가지고 하나님께 나갈 때, 하나님은 우리의 그런 모습조차 외면하지 않으신다는 것입니다.

> 단순한 기도에는 좋은 것, 나쁜 것 그리고 흉한 것 모두가 섞여 있다. 단순한 기도는 일반적인 사람들이 일상적인 문제를 가지고 사랑하는 아버지 앞에 아뢰는 것이다. 그 기도에는 조금도 가식이 없다. 실제 우리의 모습보다 더 거룩하고, 더 순결하고, 더 성스러운 체하지 않는다(리차드 포스터, 《기도》).

따라서 우리는 단순한 기도를 통해 세상에서 받은 상처와 고통, 실망 그리고 우리 내면에서 일어나는 분노, 시기, 두려움 따위의 감정도 있는 그대로 하나님께 아뢰면서 치유받기를 요청할 수 있어야 합니다. 하나님은 나약하고 허물 많은 우리를 넉넉히 안아주실 만큼 큰 품을 지니신 분이니 말입니다. 하나님의 사랑은 가없는 하늘과 같아서 품지 못할 것이 없으십니다.

뒤뚱뒤뚱 걸음마하는 아이가
성큼성큼 걷기까지
천방지축 자빠지고 넘어지듯이,
오, 하나님,
눈 먼 거북처럼 좌충우돌하는 저를
당신은 얼마나 자주
당신 품에 안아주시는지요!

브라질 북동부의 빈민지역에서 가난한 이들의 인권과 정의를 위한 사역에 헌신했던 엘데르 카마라는 가톨릭 사제의 기도문입니다. 얼마나 솔직하고 소박한 기도입니까. 소위 지성인 입네 하는 현학적인 사람들은 이런 단순한 기도를 깔봅니다. 너무 나약하고 신앙의 연륜이 깊지 못해 그런 기도를 드리는 것이라고. 하지만 그런 생각은 모세가 드린 기도만이 아니라 '주님이 가르쳐준 기도'(누가복음 11:2-4) 또한 단순한 기도의 한 전형이란 사실을 간과하고 있는 것입니다. 우리가 명심해야 할 것은 주님이 가르쳐 준 기도 같은 단순한 기도를 통하지 않고는 성숙한 기도의 차원으로 나아갈 수 없다는 것입니다.

자, 여기서 단순한 일상 언어로 쓴 또 한 편의 기도시를 읽어보겠습니다.

03 단순한 기도를 드리는 작은 아이
_모세의 기도

당신은 호랑이 같아서, 아름다운 무늬로 매혹하지만
무서운 힘으로 겁을 주십니다.
당신은 나뭇가지 위 벌집 같아서, 달콤한 꿀이
눈에 보이지만
나뭇가지가 너무 높아 기어오를 수가 없습니다.
당신은 연못에 헤엄치는 황금잉어 같아서,
팔을 뻗으면 곧 닿을 수 있는 거리인데
손을 내밀어 잡으려 하면 어느새 빠져나가십니다.
당신은 뱀 같아서, 거죽 껍질은 현란한 색깔로 눈부신데
침 한 방울로 사람을 죽일 수 있습니다.
오, 주님. 저에게 자비를 베푸소서.
저에게 죽음을 주지 마시고 생명을 주소서.
저에게 손을 내밀어 저를 품어 주소서.
저에게 내려오시어 저를 하늘로 끌어올리소서.
당신 힘으로 나약한 제 영혼을 붙잡아 주소서.

이 기도문은 온유한 사람으로 널리 알려진 남인도의 추장이었던 마니카 바사하르의 것입니다. 여기서 하나님은 아열대우림에서 흔하게 만날 수 있는 동물과 사물들에 비유되고 있는데, 추장은 온갖 두려움이나 죽음의 공포 앞에서 한없이 연약한 자

신을 고백하며 하나님의 구원의 은총을 갈망하고 있습니다.

모세 역시 이집트를 떠나 약속의 땅 가나안으로 향하는 광야 여정 40년 동안 하루도 편안한 날이 없었습니다. 사막의 불볕더위, 짐승들의 위협, 전염병으로 인한 고통, 변덕스러운 백성들의 모반, 언제 가나안 땅에 당도할지 모르는 불투명한 미래에 대한 두려움과 죽음의 공포 등……

그럼에도 불구하고 모세가 이런 험난한 여정을 성공적으로 뚫고 나갈 수 있었던 것은 바로, 자기가 머무는 곳에서 항상 하나님과 대면했던 기도생활이 있었기 때문에 가능했던 것이 아닐까요. 그는 때로 고집도 세고 성질도 난폭하고 인간적 약점도 많은 사람이었으나 하나님 앞에서는 항상 무릎을 꿇는 겸손을 지니고 있었습니다. 그는 한 민족의 장래를 걸머진 위대한 지도자였지만, 하나님 앞에서는 단순한 기도를 자주 드리는 '작은 아이'에 불과했습니다.

성공회 신학지 매튜 폭스가 "겸손은 하나님을 빨아들이는 진공청소기와 같다."고 했는데, 이것은 곧 모세와 같은 기도의 사람을 두고 한 말처럼 들립니다. 모세가 훗날 하나님으로부터 '천하에서 가장 겸허한 인간'이란 칭송까지 듣게 된 것은 단순한 우연이 분명 아니겠지요.

04

속마음을 털어놓는 기도는
하늘을 움직인다

―

한나의 기도

그의 기도 속에는 깊이 무르익은 존재의 향기가
물씬 풍겨납니다.
더 이상 결핍이 없는, 하나님과의 합일에서 오는
융융한 희열이 묻어납니다.
그가 하나님께 바친 기도를 여러 번 읽다 보면,
그의 영혼을 적신 기쁨의 강물이
오늘 우리에게도 넘쳐 흘러옴을 느낄 수 있습니다.

하나님은 공평하신 분이라고 생각합니다. 물론 그렇지 않다고 여긴 때도 있었습니다. 어린 시절, 저는 약골에다가 몸에 장애까지 안고 있었습니다. 왜 하나님은 내게 다른 사람에게 있는 건강한 몸을 주시지 않은 걸까…?

이처럼 하나님의 공평하심에 대해 의구심을 품는 사람이 어디 저 하나뿐이겠습니까. 그래서 이런 의구심을 품는 사람들은 불공평한 하나님을 원망하거나 그분이 계시다고 여기는 하늘을 향해 삿대질을 하기도 합니다.

하지만 시편 기자는 검은 잉크를 듬뿍 묻혀 하나님의 공평하심을 강조하고 있습니다.

주의 의로우심은 우람한 산줄기와 같고, 주의 공평하심은 깊고 깊은 심연과도 같습니다(시편 36:6).

그럼에도 불구하고 하나님의 '공평하심'에 대해 의문을 제기할 만한 인물이 성서에도 나옵니다. 위대한 선지자 사무엘의 어미 한나. 어쩌면 한나는 불공평한 하나님에 대해 서운한 마음을 품은 채 때론 원망도 했을 것입니다. 모든 여인의 소망인 아기를 잉태할 수 없었으니까요.

한나의 서원

아기를 잉태하지 못하는 것만 빼면 한나는 어느 정도 행복한 삶의 조건을 갖춘 여인이었습니다. 남부럽지 않은 재산도 지닌 것처럼 보이고, 남편 엘가나의 사랑도 듬뿍 받았으니까요. 하지만 넉넉한 재산과 남편의 극진한 사랑도 아이를 잉태하지 못하는 여인의 결핍과 슬픔을 메워주지는 못했습니다.

더욱이 한나는 엘가나의 둘째 아내인 브닌나에게 자주 괴롭힘을 당했습니다. 브닌나는 여러 명의 아들딸을 두고 있었습니다. 아마도 브닌나는 한나가 아이도 생산하지 못하는 석녀인데, 남편의 사랑을 받는 것을 몹시 질투했던 것처럼 보입니다. 그것이 한나를 더욱 깔보고 괴롭혔던 이유일 것입니다.

어느 날 남편 엘가나가 슬픔에 잠겨 있는 한나를 보고 "왜 울기만 하오? 왜 먹지도 않고 슬퍼만 하오? 내가 당신한테는 아들 열보다도 낫지 않소?"하며 위로해 주었지만, 남편의 따뜻한 위로도 한나의 괴로움을 덜어주지는 못했습니다.

일 년에 한 차례씩 온 가족이 주님의 전에 올라가던 날, 제사를 끝마치고 난 뒤 한나는 홀로 성전에 남았습니다. 적막과 고독이 온몸을 휩싸는 성전에 엎드리자, 그는 마음이 쓰라려 흐느껴 울며 주님께 애원하였습니다.

> 만군의 여호와여. 만일 주의 여종의 고통을 돌보시고 나를 기억하사 주의 여종을 잊지 아니하시고 주의 여종에게 아들을 주시면, 내가 그의 평생에 그를 여호와께 드리고 삭도를 그의 머리에 대지 아니하겠나이다(사무엘상 1:11).

한나는 아주 오랜 시간 기도한 것처럼 보입니다. 만일 아들 하나 점지해 주시면 그 아들을 하나님께 바치겠다고 서원도 했습니다. 그 기도가 얼마나 간곡했던지, 그를 지켜보던 엘리 제사장은 한나가 독한 술에 취한 것이라고 오해하기까지 했으니까요. 눈자위가 벌겋게 충혈된 한나가 고개를 저으며 엘리 제사장에게 해명합니다.

> 저는 술에 취한 것이 아닙니다. 포도주나 독한 술을 마신 것이 아닙니다. 다만 슬픈 마음을 가눌 길이 없어서, 저의

마음을 주 앞에 쏟아 놓았을 뿐입니다. 이 종을 나쁜 여자로 여기지 마시기 바랍니다. 너무나도 원통하고 괴로워서, 이처럼 기도를 드리고 있습니다(사무엘상 1:15-16).

그처럼 슬픈 마음을 가눌 길이 없던 한나가 '속마음'을 털어놓았을 때, 그 진심이 하나님의 종 엘리 제사장의 마음을 움직였습니다. 엘리는 마치 자기가 하나님인 양 "안심하고 돌아가거라. 이스라엘을 보살피시는 하나님께서 네 기도를 들어주실 것이다."라며 그의 마음을 다독다독 어루만져줍니다.

'하늘 보좌'를 움직이는 기도

과연 기적 같은 일이 일어납니다. 일구월심日久月深 그토록 간절히 소원하던 일을 하나님이 이루어주신 것입니다. 한나는 놀랍게도 아기를 잉태하게 되고, 달이 차서 '사무엘'이라는 금지옥엽 같은 아들을 품에 안게 됩니다. 사무엘이란 이름은 '여호와께 빌어서 얻은 아기'란 뜻입니다.

속마음을 털어놓는 기도, 진심에서 비롯된 간구는 '하늘 보좌'를 움직이나 봅니다. 한나의 간구가 진심이라는 건, 그가 하

나님께 서원한 것을 그대로 실행하는 모습에서 알 수 있습니다.

사무엘이 젖을 뗄 때만큼 자라자, 한나는 제물로 바칠 황소와 포도주 등을 가지고 주님의 성전으로 아이를 데리고 갑니다. 엘리 제사장을 만난 그녀는 오래 전 자기가 주님의 전에서 기도하던 모습을 상기시키며 말합니다.

이 아이의 한 평생을 주님께 맡기고 싶습니다(사무엘상 1:28).

이처럼 약속을 지키는 한나의 신실한 모습에서 우리는 그를 기도의 본보기로 삼을 수 있습니다. 우리는 때로 하나님이 우리의 시종이기나 한 양 부려먹을 대상으로 삼는 경우가 얼마나 많던가요. 중세의 수도승 마이스터 엑카르트는 말합니다.

여러분은 마치 하나님을 촛불로 만들어 찾듯이 행동하고 있습니다. 여러분은 찾고 있던 무언가를 찾으면 촛불을 던져 버립니다. 여러분이 하나님을 부려서 무언가를 찾는다면, 그것이 무엇이든 간에, 그것은 아무것도 아닙니다.

우리는 우리가 갈망하던 것을 얻으면 기뻐합니다. 하나님이 귀한 선물을 주셨다고! 그러나 우리는 얼마 지나지 않아 귀한 선물을 주신 하나님의 사랑을 까맣게 잊어버리고 맙니다. 망각이 은혜처럼 느껴지는 순간도 없지 않아 있지만, 하나님의 사랑을 까맣게 잊어버리는 망각은 우리 자신을 지상의 것들에 대한 애착에 붙들어 맵니다.

'당신 말고는 아무 것도 없습니다'

한나는 그러지 않았습니다. 그는 귀한 선물을 주신 하나님의 사랑을 망각하지 않았습니다. 그토록 갈망해서 얻은 아이, 그 아이는 자기의 소유물이 아니라 하나님께 속해 있는 존재라는 또렷한 자각을 지니고 있었기 때문입니다.

한나인들 여느 어미처럼 뒤늦게 얻은 귀염둥이 아들, 그 금쪽같은 아이를 자기 품에 두고 싶지 않았을까요. 사랑하는 아들을 고독하고 어려운 제사장의 길로 내모는 그 마음이 얼마나 괴로웠을까요. 하지만 그는 잉태될 때부터 하나님께 속한 아이를 하나님께 바치는 것이 곧 하나님의 사랑에 대한 응답이라는 것을 깊이 자각하고 있었던 것입니다.

사무엘을 제사장에게 맡긴 뒤 하나님께 올린 한나의 감사

찬양을 보면, 그가 얼마나 하나님을 뜨겁게 사랑했는지 알 수 있습니다.

주께서 나의 마음에 기쁨을 가득 채워 주셨습니다. 이제 나는 주님 앞에서 얼굴을 들 수 있습니다. 원수들 앞에서도 자랑스럽습니다. 주께서 나를 구하셨으므로, 내 기쁨이 큽니다. 주님과 같으신 분은 없습니다. 주님처럼 거룩하신 분은 없습니다. 우리 하나님 같은 반석은 없습니다. 너희는 교만한 말을 늘어놓지 말아라. 오만한 말을 입 밖에 내지 말아라. 참으로 주님은 모든 것을 아시는 하나님이시며, 사람이 하는 일을 저울에 달아 보시는 분이시다. …주님은 사람을 죽이기도 하시고 살리기도 하시며, 스올로 내려가게도 하시고, 거기에서 다시 돌아오게도 하신다. 주님은 사람을 가난하게도 하시고, 부유하게도 하시고, 낮추기도 하시고, 높이기도 하신다. 가난한 사람을 티끌에서 일으키시며 궁핍한 사람을 거름더미에서 들어 올리셔서, 귀한 이들과 한자리에 앉게 하시며 영광스러운 자리를 차지하게 하신다. 이 세상을 떠받치고 있는 기초는 모두 주님의 것이다. 그분이 땅덩어리를 기초 위에 올려놓으셨다(사무엘상 2:1-8).

아이를 낳지 못하는 '가련한' 석녀에게 아이를 얻게 하신 주님. 이제 그 아이를 주님 손에 맡기며 올리는 한나의 감사의 기도에는 놀라운 깨우침이 담겨 있습니다. 인간은 하나님이 하시는 일을 헤아릴 수 없다는 것. 그 모름의 신비 앞에서 그저 마음이 기뻐 뛸 뿐이라고. 때때로 우리는 하나님의 불공평을 토로하지만, 인간의 좁은 소견에서 나오는 공평, 불공평이란 말은, 인간의 행동을 저울질하시는 절대자 하나님 앞에서는 아무 것도 아니라는 것.

뭔가 좀 가졌다고 우쭐거리고 거만을 떨며 남을 깔보던 이를 저 바닥까지 떨어뜨리기도 하시며, 불행과 슬픔의 바닥에서 울부짖는 이를 영광스런 자리로 드높이시는 분이 바로 사람의 생사를 그 손아귀에 쥐고 계시는 주님이시라는 것. 그리하여 '당신 말고는 아무 것도 없습니다.' 라고 고백하는 한나야말로 진정한 기도의 사람임을 알게 해 줍니다.

뇌성마비 장애로 평생을 고통 받아온 송명희 시인도 하나님의 불공평한 처사를 원망할만한 처지임에도 불구하고 하나님을 공평하신 분이라며 찬양합니다.

나 가진 재물 없으나
나 남이 가진 지식 없으나

나 남에게 있는 건강 있지 않으나
나 남이 없는 것 있으니

나 남이 못본 것을 보았고
나 남이 듣지 못한 음성 들었고
나 남이 받지 못한 사랑 받았고
나 남이 모르는 것 깨달았네

공평하신 하나님이
나 남이 가진 것 나 없지만
공평하신 하나님이
나 남이 없는 것 갖게 하셨네

이 노래 속에는 깊이 무르익은 존재의 향기가 물씬 풍겨납니다. 더 이상 결핍이 없는, 하나님과의 합일에서 오는 융융한 희열이 묻어납니다. 앞서 우리가 읽은, 한나가 하나님께 바친 기도를 여러 번 읽다 보면, 그의 영혼을 적신 기쁨의 강물이 오늘 우리에게도 넘쳐 흘러옴을 느낄 수 있습니다.

그 강물에 몸을 적신 자, 서늘한 전율과 함께 기도의 사람으로 거듭날 것입니다!

05

실패를 넘어
회복의 근원이신 분과
접촉하기

엘리야의 기도

우리가 하나님과 끊임없이 대화를
이어가기만 한다면,
그래서 회복의 근원과 접촉할 수 있다면,
마른 풀처럼 시들어가던 우리의 영혼을
새로운 에너지로 재충전할 수 있습니다.
기도는 회복의 근원이신 하나님과
끊임없이 접촉하는 일입니다.

오래 전 중국 선교사를 지낸 리하르트 빌헬름이 전해주는 이야기입니다.

옛날 중국의 어느 지방에 극심한 가뭄이 있었습니다. 그 지방 사람들은 가뭄의 고통을 견디다 못해 '비를 내리게 하는 사람'(rain-maker)을 모셔 왔습니다. 그 지방 선교사인 빌헬름도 호기심을 가지고 비를 내리게 하는 사람이 오기를 기다렸습니다.

비를 내리게 하는 사람은 중국식 가마를 타고 왔습니다. 체구가 작고 깡마른 노인이었습니다. 노인은 가마에서 나오면서 킁킁 냄새를 맡더니 아주 불쾌한 표정을 지었습니다. 그러면서 마을 밖 작은 오두막에 혼자 머물게 해 달라고 요청했습니다.

노인이 오두막에 머문 지 사흘째 되던 날 갑자기 엄청난 비가 쏟아졌습니다. 때 아닌 눈까지 펑펑 쏟아졌습니다. 그 기이한 광경을 보고 빌헬름이 노인을 찾아가서 물었습니다.

"어떻게 하셨기에 그토록 가물던 땅에 비를 내리게 할 수 있었습니까?"

노인이 빙그레 웃으며 대답했습니다.

"내가 비나 눈을 내리게 한 것이 아니오. 사실 나는 사람들이 '질서'(order) 속에서 사는 곳에서 왔다오. 그곳에 사는 이들은 모두 '도(道)'와 일체가 되어 산답니다. 그곳에서는 날씨 또한 질서 속에서 움직이지요. 그런데 여기 와서 보니 사람들이 '질서'를 벗어난 걸 알 수 있었소. 며칠 전 내가 여기에 오자 나 역시 그들에게 오염되고 말았소. 그래서 나는 내가 다시 '도'와 일체가 될 때까지 혼자 머물러 있었고, 그 후 갑자기 비가 내리게 되었던 것이오."

나의 목숨을 거두어 주십시오

성서에도 '비를 내리게 하는 사람' 이야기가 나옵니다.

그의 이름은 엘리야! 그는 비를 내리게 할 뿐 아니라 하늘에서 불을 쏟아지게 했고, 먹을 것이 없어 굶주림으로 고통받을 때는 까마귀 같은 날짐승의 도움으로 생존을 이어가기도 했습니다. 그는 구약성서 속 인물 가운데서 초자연적인 기적을 가장 많이 일으킨 인물이기도 합니다.

중국의 '비를 내리게 하는 사람'이 '도'와 일체가 되어 살았던 것처럼 엘리야 역시 '주님의 뜻'과 일체된 삶을 살았기 때문일까요. 엘리야는 주님의 말씀이라면 자기에게 어떤 곤경이 닥쳐와도 순종했습니다. 목숨이 위태로울 수 있는 상황에서도 그는 주님의 말씀을 따라 살았습니다.

주님의 뜻을 거슬러 사는 이스라엘의 왕 아합에게 "내 말이 있기 전에는 몇 해 동안 이슬도 비도 내리지 않을 것입니다."라고 담대히 주님의 말씀을 전하기까지 했고, 아합 왕의 비호 하에 바알 우상을 섬기는 예언자 450명과 대결하기도 했습니다. 그것은 목숨을 건 싸움이었습니다.

하나님은 자신의 뜻에 어깃장을 놓으며 바알 신을 숭배하는 아합 왕의 행위에 분노하고 계셨습니다. 홀로 바알 예언자들을 상대하는 이 힘겨운 싸움에서 엘리야는 마침내 하늘에서 불을 내리게 하여 승리했습니다. 또한 이 큰 싸움 뒤에 오랜 가뭄으로 고통받는 이스라엘 땅에도 단비를 내리게 하여 하나님의 사람으로서의 괄목할 만한 능력을 드러내기도 했습니다.

그러나 하나님의 사람 엘리야에게도 시련이 닥쳐왔습니다. 예기치 못한 시련이었습니다. 큰 승리 뒤에 온 시련이라 엘리야가 느끼는 고통과 절망감은 더 컸을 것입니다. 하나님의 뜻에 철저히 순명하며 살아왔기에 자신에게 닥쳐온 시련이 더 납득하기 어렵고 더 고통스러웠을 것입니다.

어찌하여 주님은 나에게 이런 혹독한 시련을 주신단 말인가? 대체 내가 무슨 잘못을 했기에? 목숨조차 아끼지 않고 주님의 명령에 순종한 일밖에 없는데….

엘리야에게 닥쳐온 첫 번째 시련은 아합 왕의 아내인 이세벨로 인한 것이었습니다. 이세벨은 바알 예언자를 죽인 엘리야에게 보복하겠다고 공공연히 선언하고 자기 군사로 하여금 엘리야를 쫓게 했던 것입니다. 엘리야는 사냥꾼의 활에 쫓기는 짐승과 같은 신세가 되었습니다.

이제 엘리야 곁에는 아무도 그를 보호해주거나 지지해 주는 사람이 없었습니다. 드넓은 세상 천지에 홀로 남았다는 외로움과 절망감! 엘리야는 죽고만 싶었습니다. 어느 날 뜨거운 모래바람이 부는 거친 광야 길을 걷던 그는 로뎀나무 그늘로 숨어들어가 앉아서 하나님께 간청했습니다.

> 주님, 이제는 더 바랄 것이 없습니다. 나의 목숨을 거두어 주십시오. 나는 내 조상보다 조금도 나을 것이 없습니다(열왕기상 19:4).

그토록 용맹스럽던 엘리야. 하지만 이제 주님을 향해 중얼대는 그의 목소리에서는 아무런 생기도 느낄 수 없습니다. 바알 예언자들을 죽인 뒤 '비' 소식을 가지고 신바람이 나서 아합 왕을 향해 달려가던 그 당당한 모습은 찾을 길이 없습니다. 어쩌면 이제 엘리야는 자신의 생은 영영 실패한 것이라고 단정하고 있는지도 모릅니다.

네가 어찌하여 여기 있느냐?

어디 엘리야뿐이겠습니까. 최선을 다했는데 아무런 성과가 없거나 실패에 이르면 우리 역시 쉽게 자포자기하고 말지 않았던가요. 안간힘을 썼으나 헛수고라는 생각이 들면 우리 역시 엘리야처럼 탈진하고 맙니다. 생명의 진액이 다 빠져나간 탈진의 상태는 매우 위험합니다. 탈진은 우리 몸과 마음을 폐허처럼 만들고 말기 때문입니다. 극단적인 경우 자기 생을 스스로 포기할 수도 있습니다.

하지만 이 폐허는 귀중한 보화, 즉 알려지길 바라시는 하나님을 품고 있다.

페르시아의 신비시인인 잘랄루딘 루미의 말입니다. 온통 황

량해진 마음의 폐허가 '귀중한 보화'를 품고 있다니! 이 폐허가 '알려지길 바라는 하나님'을 품고 있다니! 이게 무슨 말일까요? 하나님은 인간이 겪는 시련, 좌절, 실패, 절망, 위기를 당신의 존재와 능력을 드러내시는 기회로 삼으신다는 것일까요. 그렇다면 참으로 놀라운 일이 아닙니까.

자포자기의 심정에 빠져 로뎀나무 덤불 속에 누운 엘리야의 곁에 주님의 천사가 나타나 잠든 그를 흔들면서 "일어나 먹어라."하고 말합니다. 엘리야가 깨어 보니, 구운 빵과 물 한 병이 머리맡에 놓여 있습니다. 엘리야는 그 음식을 먹고 다시 힘을 얻어 밤낮으로 사십 일을 걸어 마침내 하나님의 산 호렙에 이르렀습니다.

밤낮 사십 일 동안을 걸으면서 엘리야는 무슨 생각을 했을까요. 실패와 좌절의 아픔만을 곱씹었을까요. 아니면, 도무지 헤아릴 수 없는 하나님의 섭리와 그 뜻이 무엇인가를 물었을까요.

엘리야가 호렙산의 한 동굴에 이르러 밤을 지내고 있을 때, 하나님의 말씀이 그의 귀에 들렸습니다.

엘리야야 네가 어찌하여 여기 있느냐?(열왕기상 19:9).

엘리야는 여전히 낙심한 목소리로 어떻게 이스라엘 자손들이 주님을 버렸고, 어떻게 자신이 실패했는지를 토로했습니다. 그리고 자신이 생존해 있는 마지막 사람인데, 이제 그들이 자기마저 죽이려 한다고 풀죽은 목소리로 대꾸했습니다.

주님, 제 생각이 짧았습니다

그러자 하나님은 엘리야에게 다시 이스라엘로 돌아가 엘리사를 후계자로 세울 것과, 아직도 이스라엘에는 하나님 당신이 남겨둔 칠천 명이나 되는 사람들이 있는데, 그들은 바알 우상에게 무릎 꿇지도 않고 입 맞추지도 않은 사람들이라고 일러주십니다. 엘리야는 하나님의 음성을 듣고 난 뒤 감격의 눈물을 흘리며 이런 기도를 올리지 않았을까요.

주님, 제 생각이 짧았습니다.
눈앞의 현실만 보고 절망에 빠져 허우적대던
저의 어리석음을 용서하소서.
눈에 보이는 것들 배후에서 일하시는 주님을 보지 못하고
모든 것이 다 끝장났다고 여겼던

저의 무지를 용서하옵소서.
주님, 이제 제 마음을 새롭게 하사
오직 당신 안에서만 희망과 용기를 품고 살게 하옵소서.

엘리야는 하나님의 말씀을 들은 후 자기 영혼을 짓눌렀던 실패감을 극복하고 이스라엘로 돌아가 자신에게 주어진 일을 완성합니다. 결국 엘리야의 이 이야기는 우리가 실패했다는 생각이 잘못된 깨달음일 수도 있다는 것을 일깨워줍니다. 하나님이 바라보시는 관점은 인간의 관점과 다를 수 있다는 것. 그리고 느닷없는 시련과 역경에 부딪칠 때 그것을 실패로 단정하면 그것이 우리 삶의 에너지를 소모시키고 고갈시킨다는 것.

그러므로 우리가 엘리야처럼 하나님과 끊임없이 대화를 이어가기만 한다면, 그래서 회복의 근원과 접촉할 수 있다면, 마른 풀처럼 시들어가던 우리의 영혼을 새로운 에너지로 재충전할 수 있다는 것입니다(심상영, 《한국교회의 영적 성장을 위한 융의 분석심리학》 참조).

그렇습니다. 기도는 회복의 근원이신 하나님과 끊임없이 접촉하는 일입니다. 외적인 삶의 상황에 휘둘려 일희일비一喜一悲하며 하나님과의 접촉을 끊어버리는 것은 진정한 기도자의 태도가 아닙니다.

05 실패를 넘어 회복의 근원이신 분과 접촉하기
_엘리야의 기도

어두운 동굴로 들어간 엘리야처럼 우리는 자주 기도의 골방으로 들어가서 세미한 음성으로 말씀하시는 하나님의 뜻을 헤아려야 할 것입니다. 그리고 우리의 절망과 좌절, 실패를 새로운 용기와 희망의 기회로 삼으시는 하나님의 자애로움을 마음 깊이 새겨두어야 할 것입니다.

06

두 마음 품지 않고
당신을 받들면

사울과 다윗의 기도

그는 신하, 가족, 하나님과의 관계 속에서
실패에 직면할 때마다 주저하지 않고
자기의 잘못을 인정하고 시인했습니다.
그리고 하나님 앞에 무릎을 꿇었습니다.
하나님의 대리자들이 전해주는 말씀을 다소곳이 경청했고,
짐승을 피 흘리게 하는 제사보다 순종과 공의를 앞세웠습니다.

하나님의 사람이 두 사람의 머리에 기름을 쏟아 부었습니다. 두 사람은 자기 머리에서 주르르 흘러내리는 기름을 보면서도 그것이 무슨 영문인지 몰랐습니다. 아직 새파란 청춘인 두 사람은 자신들의 젊음이 그 '거룩하다'고 불리는 기름을 받을 수 있는 것인지조차 생각해 본 적이 있었을까요. 소위 성유식聖油式, 그 성사의 의미를 정확히 아는 이는 백발이 성성한 하나님의 사람과 그 의식을 행하도록 시킨 하나님밖에 없었습니다.

두 사람이 알든 모르든 그 엄숙한 성사는 행해졌습니다. 물론 두 사람에게 행해진 성사의 시차는 있습니다. 두 사람은 자신들이 원하든 원치 않든 그 성사 이후에 일어날 사건의 주역이 되어야 했습니다. 두 사람이 주역이 된 이 역사의 드라마를 연출하신 분은 누구실까요. 하나님의 사람은 성사를 시행하는 중에 그분의 이름을 그들의 귀에 속삭여 주었습니다. 연출자의 이름을 듣고 난 두 사람은, 이제 그분이 연출하시는 드라마의 주역이 되는 것은 피하려야 피할 수 없는 운명이라고 받아들이지 않을 수 없었을 것입니다.

06 두 마음 품지 않고 당신을 받들면
_사울과 다윗의 기도

제사보다 순종과 공의

그 두 사람은 후세 사람들의 입방아에 자주 오르내리는, 서로 대비되는 점이 많은, 사울과 다윗입니다. 앞서 언급한 것처럼 두 사람 다 하나님이 직접 캐스팅한 배역입니다. 연출자가 두 사람을 선택한 동기를 살펴보면, 두 사람 다 걸출한 면모를 지니고 있었기 때문으로 보입니다.

먼저 사울의 걸출함을 드러내는 데 있어 성서 기자는 입에 침이 마를 정도입니다. 준수한 용모의 효자이며 예의바른 사람, 겸손함을 갖추어서 백성들의 전폭적인 지지를 받은 지도자. 또한 투철한 애국심과 하나님의 영에 감동된 사람, 그리고 전쟁에 능한 용사였다는 것입니다. 이 정도의 인물이면 이스라엘의 왕권정치가 처음으로 등장할 때 첫 번째 왕이 되기에 손색이 없는 조건을 갖춘 인물이었음을 알 수 있습니다.

다윗은 어떤가요. 성서 기자는 사울의 걸출함을 드러내는 데 잉크를 아끼지 않은 것에 비해 다윗의 면모를 묘사하는 데는 다소 인색해 보입니다. 형들을 다 물리치고 하나님의 사람 앞에 선을 보이러 마지막에 나타난 다윗을 보고 '볼이 붉고 눈이 반짝이는 잘생긴 아이'였다는 겨우 한 문장으로만 묘사할 뿐입니다. 잉크가 아까워서였을까요. 다만 왕이 될 기준으로 하나님의 사람이 말한 "사람들은 겉모양을 보지만 나 여호와는 속마음을 들여다본다."는 앞선 문장이 어린 다윗의 인품을 돋보이게 하고 있기는 합니다.

두 사람 다 이런 걸출한 면모를 지니고 있었지만, 한 사람은 실패했고 다른 한 사람은 성공했습니다. 왕국의 운명을 어깨에 걸머진 이들의 성공과 실패는 일개 평민의 성공과 실패와는 다릅니다. 한 평민의 성공과 실패는 한 개인 혹은 한 가문의 흥망성쇠와 관계될 뿐이지만, 왕국의 운명을 어깨에 걸머진 이의 성공과 성패는 왕국에 딸린 온 백성의 흥망성쇠와 관계되니까요.

예언자이자 판관인 사무엘에 의해서 이스라엘 최초의 왕이 된 사울, 그는 왜 실패한 왕으로 불리게 되었을까요. 왕의 중요한 역할 가운데 하나인 전쟁 수행능력이 탁월했음에도 불구하고 그가 실패한 왕이 될 수밖에 없었던 까닭은 '관계'에서의 실패 때문이 아닐까요. 우선 그는 자기를 왕으로 세워준 판관인 사무엘과의 관계에서 빚어진 갈등을 극복하지 못했고 하나님과의 관계에서도 실패합니다.

그 관계의 갈등과 실패를 보여준 대표적인 사건은 아말렉과의 전쟁. 이 전쟁에서 패배했기 때문이 아닙니다. 이 전쟁에서 크게 승전을 거두었음에도 불구하고 사울 왕은 사무엘이 전한 하나님의 말씀에 순종하지 않고 적으로부터 빼앗은 전리품을 챙깁니다. 하지만 신정정치의 마지막 예언자이며 판관인 사무엘은 하나님과의 관계를 무엇보다 소중히 여겼습니다.

이 일로 인해 사울 왕은, 여호와가 그를 왕으로 세운 것을 후회할 정도로 여호와의 눈 밖에 나게 되고, 사무엘과의 관계도 갈등을 넘어 아예 단절되기에 이릅니다. 사울은 관계의 회복을 위해 전리품으로 취한 동물들을 잡아 여호와께 제사를 드리려 했다고 변명합니다. 하지만 사무엘은 그러한 변명에 대해 사울 왕을 꾸짖습니다.

> 여호와께서, 당신의 말씀을 따르는 것보다 번제나 친교제 바치는 것을 더 기뻐하실 것 같소? 순종하는 것이 제사 드리는 것보다 낫고, 그분 말씀을 명심하는 것이 염소의 기름기보다 낫소?(사무엘상 15:22).

사무엘의 말처럼 하나님과의 관계의 본질이 번제나 친교제에 있는 것이 아니라 '순종'에 있음을 사울은 깨닫지 못했던 것입니다.

다윗의 호의와 사울의 적의

관계의 실패는 이후에도 거듭됩니다. 장차 새로 등극할 이스라엘의 왕의 재목으로 선택된 다윗과 운명적으로 만나게 되는데, 사울은 그와의 관계에서 거듭 악수惡手를 둡니다. 악귀 들린 사울 왕의 병을 돌봐주기 위해 나타난 궁중악사, 블레셋의 거인 골리앗을 물리친 뒤 군대장관으로 부상한 어엿한 전쟁 영웅, 왕의 부마, 왕의 아들 요나단의 절친… 다윗은 이렇듯 사울 왕과 떼려야 뗄 수 없는 관계 속에 있었지만 그 관계는 끊임없는 갈등과 적의와 반목의 연속이었습니다.

다윗은 사울 왕을 항상 호의로 대했지만, 사울 왕은 다윗을 적의로 대했습니다. 다윗은 사울을 하나님이 기름 부어 세운 종으로 대했지만, 사울 왕은 다윗을 질투와 시기의 대상, 타도해야 할 적으로 대했습니다. 사울이 던진 창과 군대에 의해 여러 번 죽을 고비를 넘겼지만, 다윗은 사울에게 결코 보복의 칼을 들이대지 않았습니다. 사울은 다윗이 변함없이 자신에게 충성과 호의를 베푸는 것을 알고 후회하며 다시는 그러지 않겠노라고 약속까지 하지만, 그 약속은 번번이 깨지고 맙니다.

그러니까 여러 번 관계의 실패를 만회할 기회가 사울에게 주어졌으나 그는 그 기회를 스스로 걷어차 버리고 말았습니다.

사울의 거듭된 악수惡手는 다윗과 악수握手할 기회도 놓치고, 돌이킬 수 없는 파멸의 늪에 빠져버리고 맙니다. 적의 칼날 앞에 그는 자기 한 목숨마저 풀잎처럼 떨다가 쓸모없는 풀처럼 베어져버리고, 왕국마저 바람 앞의 등불처럼 흔들리게 만들고 말았습니다.

결국 사울 왕이 실패한 것은 자기가 잘못을 저질렀을 때 하나님 앞에 무릎 꿇을 줄 몰랐기 때문이 아닐까요. 자기를 왕으로 선택한 사무엘은 "내가 기도하는 일을 그친다면, 그것은 내가 하나님께 죄를 짓는 것이다."라고까지 했는데, 사울의 행적을 보면 그는 하나님과 대면하는 일을 등한시했던 것입니다.

두 마음 품지 않고 살아왔기에…

선왕의 뒤를 이어 왕국을 이어받은 다윗 왕 역시 '관계의 실패'가 없었던 건 아닙니다. 육체의 욕정을 이기지 못해 자기 신하의 아내인 밧세바를 탐했고, 그녀를 차지하기 위해 충성스런 신하인 그녀의 남편을 전쟁터에 내보내 죽게 만드는 패륜을 저지릅니다. 또한 통일왕국이라는 위업을 달성했으나 자식들을 잘 다스리지 못해 부친의 왕좌를 찬탈하려는 아들 압살롬의 반

란을 겪기도 하고 그의 비극적 죽음 앞에 통곡하기도 합니다. 말년에 이르러서는 자신의 힘을 과시하고 싶은 유혹에 이끌려 병적조사를 실시하다가 여호와의 분노를 사 온 나라의 백성이 역병에 시달리는 크나큰 재앙을 초래하기도 합니다.

하지만 신하, 가족, 하나님과의 관계 속에서 실패에 직면할 때마다 다윗 왕은 주저하지 않고 자기의 잘못을 인정하고 시인했습니다. 그리고 하나님 앞에 무릎을 꿇었습니다. 선왕처럼 변명하지 않았고 선왕처럼 실패를 번복하지 않았습니다. 하나님의 대리자들이 전해주는 말씀을 다소곳이 경청했고, 짐승을 피 흘리게 하는 제사보다 순종과 공의를 앞세웠습니다.

다윗은 왕이 된 후에도 선왕의 후손들에게 항상 호의와 자애로움으로 대했습니다. 선왕이 그냥 선왕이 아니라 하나님이 기름 부어 세우신 왕이라는 이유 때문입니다. 다윗이 인간관계의 실패를 극복하고 성공할 수 있었던 건 그 관계의 씨줄 위에 하나님과의 관계회복이라는 날줄을 얹어놓을 줄 알았기 때문입니다. 그러니까 다윗 왕이 짠 눈부신 성공의 비단은 자기 삶이라는 베틀 위에 관계의 씨줄과 날줄이 잘 교직交織되도록 했기 때문입니다. 이것이 어떤 작가의 말처럼 다윗의 실패에서 성공의 향기가 풍겨나는 까닭입니다.

한마음으로 당신을 위하면 당신께서도 한마음으로 위해 주십니다. 흠 없이 당신을 위하면 당신께서도 흠이 없이 위해 주십니다. 두 마음을 품지 않고 당신을 받들면, 당신께서도 두 마음 품지 않고 붙들어주십니다. 그러나 당신을 속이려는 자는 꾀어넘기시고 억눌린 자를 건져주시며 거만한 자를 부끄럽게 만드십니다. 야훼여, 당신은 곧 나의 등불, 내 앞에서 어둠을 몰아내 주십니다(사무엘하 22:26-29, 공동번역 개정판).

다윗은 자기가 살아온 영욕의 세월을 정리할 때가 가까워 옴을 알았을까요. 그는 희끗희끗한 머리카락을 흩날리며 하나님 앞에 이런 기도를 지어 바칩니다. 그가 신명에 겨워 부르는 이 노래에서는 성공의 향기가 물씬 풍겨납니다. 하나님 앞에 한마음으로, 흠 없이, 두 마음 품지 않고 살아왔기에······.

07

눈물 속 회개를
그분은 더 반기신다

다윗의 기도

눈물의 기도야말로 하나님이 기뻐하시는 제물이라고
그는 고백합니다.
하나님은 소나 양과 같은 제물을 바치는 것보다
마음의 찢는 회개를 통해 당신께로 돌아오는 것을
더 기뻐하신다고.
회개는 우리의 안목을 바꾸게 하여
자아 중심적 삶에서 하나님 중심의 삶으로
돌아서게 하기 때문입니다.

하루에도 우리 얼굴의 표정은 수없이 바뀝니다. 따라서 한 인물의 삶을 회상할 때, 우리는 여러 모양의 얼굴을 떠올릴 수밖에 없습니다. 이스라엘의 가장 위대한 왕이었던 다윗 또한 다르지 않습니다. 유대인의 전승을 살펴보면 우리는 성서에 기록되지 않은 다윗 왕의 조금 다른 면모를 엿볼 수 있습니다.

눈물로 침상을 적신 사람

다윗 왕은 늙고 노쇠해지자 자기가 언제 죽을지 알려달라고 하나님께 부탁했습니다. 하나님은 처음엔 다윗의 부탁을 거절했습니다. 하지만 워낙 아끼고 사랑하는 사람인지라, 하나님은 다윗에게 최후의 날은 안식일이 될 것이라고 귀띔해 주셨습니다.

그날 이후 다윗은 안식일마다 말씀을 연구하고 기도하는 일에 온새미로 시간을 바쳤습니다. 마침내 하나님이 정하신 날이 되자 죽음의 천사가 다윗을 데리러 왔습니다. 다윗은 여전히 말씀 연구와 기도하는 일에 온 마음을 쏟아 정진하고 있었습니다.

탈무드에 따르면, 어떤 사람이든 말씀 연구와 기도에 매달리는 동안에는 천사라 할지라도 가까이 범접하지 못하도록 했습니다. 죽음의 천사는 기회를 엿보며 기다렸습니다. 하지만 다윗은 죽음의 천사에게 좀처럼 틈을 허락하지 않았습니다. 죽음의 천사는 마침내 한 가지 계략을 꾸몄습니다. 천사는 정원에 있는 나무를 흔들어 살랑거리는 소리를 냈습니다.

'저 소리의 정체가 뭐지?'

궁금증을 참지 못한 다윗은 사다리를 세워놓고 나무에 기어오르다가 미끄러져 떨어지고 말았습니다. 나무에서 떨어진 충격 때문에 노쇠한 다윗은 토라를 암송할 수 없었고, 그 틈을 이용해 죽음의 천사가 다윗을 하늘나라로 데려갔습니다.

이 이야기 속에 나타난 다윗은 자기 조국을 위한 전쟁터에 나가 번번이 승리를 거두는 군사적 영웅도 위엄에 찬 왕도 아닙니다. 오히려 그는 하나님의 말씀을 묵상하고 기도에 매달리는 인물로 그려집니다.

성서의 기록을 보면 실제로 다윗은 이스라엘의 왕이 된 후에도 눈물로 침상을 적시며 자애로운 하나님을 대면하는 사람이었습니다. 그는 무소불위의 권력을 행사할 수 있는 왕이었지만 눈물과 연민이 없는 싸늘한 가슴을 지닌 냉담한 사람이 아니었습니다. 그는 측은한 사람을 보면 연민의 가슴을 적실 줄 아는 사람이었습니다. 자기를 몇 번씩 죽이려던 사울 왕이 사망했다는 소식을 접한 후 다윗은 몸소 자기 옷을 찢고 단식을 하며 사울 왕을 애도하는 눈물을 흘리기도 했습니다.

눈물의 선지자 예레미야처럼 다윗은 눈물로 노래하고 눈물에 젖은 기도를 하나님께 바쳤습니다. 그의 이름으로 불린 많은 시편들에는 탄식과 참회, 구원을 갈망하는 기도의 눈물이 아롱아롱 얼룩져 있습니다.

암사슴이 시냇물을 그리워하듯 자기 영혼이 하나님을 그리워한다면서 "사람들은 날이면 날마다 나를 보고 '너의 하나님이 어디 있느냐? 하고 비웃으니, 밤낮으로 흘리는 눈물이 나의 음식이 되었구나"(시편 42: 4)라고 다윗은 흐느끼며 노래합니다.

이처럼 다윗의 기도 시편에는 눈물주머니라도 매달린 것처럼 북받쳐 오르는 슬픔과 눈물이 동반됩니다. 다윗은 눈물이 자기 영혼을 살아있게 하는 신비로운 영약靈藥이라는 것을 알았던 것일까요. 아니면 이스라엘의 가장 위대한 왕으로 추앙받았지만 자기 마음을 찢을 일을 남보다 더 많이 저질렀기에 그랬을까요.

07 눈물 속 회개를 그분은 더 반기신다
_다윗의 기도

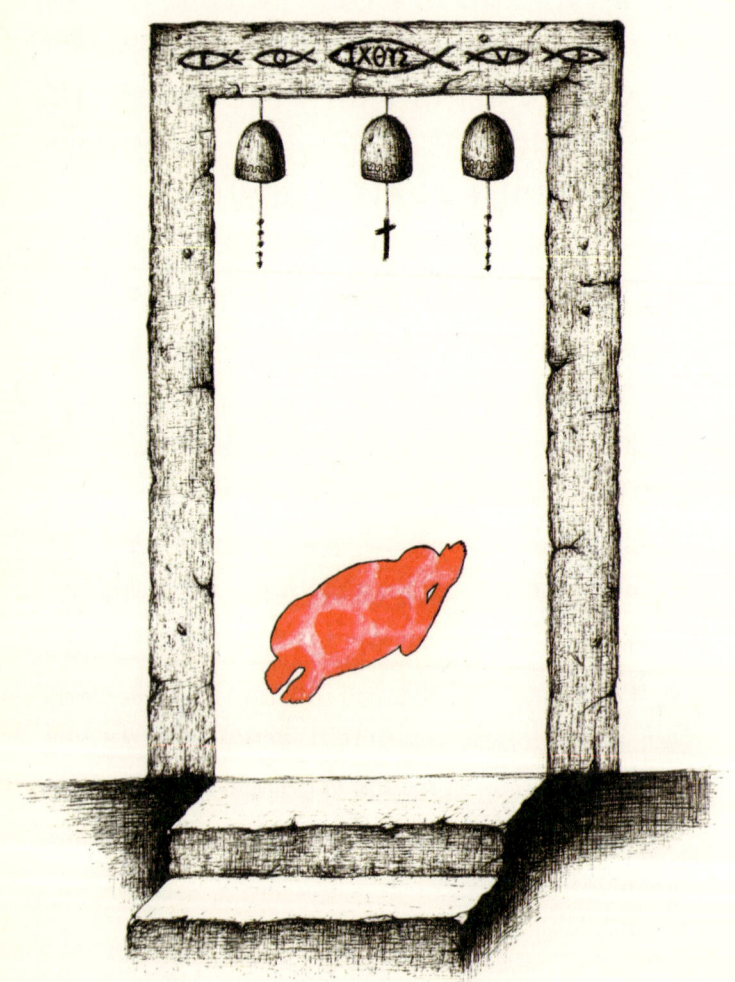

'부서지고 꺾인 마음'

다윗이 젊어서 왕이 된 후의 일입니다. 그는 불꽃처럼 활활 타오르는 마음의 욕정을 참지 못해 계략을 써서 남의 아내를 취한 적이 있었습니다. 천벌을 피할 수 없는 죄가 아닌가요. 다윗은 그런 엄청난 죄를 짓고도 양심의 가책으로 괴로워했다는 기록이 없습니다.

하지만 그가 시퍼렇게 살아 계시는 하나님의 눈길을 피할 수는 없었습니다. 하나님은 선지자 나단을 보내어 다윗의 죄를 추궁하셨고, 다윗은 즉시 자기가 저지른 죄를 고백하고 하나님께 석고대죄를 청하였습니다. 그리고 눈물로 용서를 구하는 기도를 올리는데, 그 기도가 바로 시편 51편입니다.

> 하나님, 주의 한결같은 사랑으로
> 내게 자비를 베풀어 주십시오.
> 주의 궁휼을 베푸시어 내 반역죄를 없애 주십시오.
> 내 죄악을 말끔히 씻어 주시고,
> 내 죄를 깨끗이 없애 주십시오.
> 내 반역죄를 내가 잘 알고 있으며,
> 내가 지은 죄가 언제나 내 앞에 있습니다…

실로, 나는 태어날 때부터 이미 죄인이었고,
어머니의 태속에 있을 때부터 죄인이었습니다…
우슬초로 내 죄를 정결케 해주십시오.
내가 깨끗하게 될 것입니다.
나를 씻어 주십시오.
내가 눈보다 더 희게 될 것입니다…
아, 하나님, 내 속에 깨끗한 마음을 새로 지어 주시고
내 안에 정직한 새 영을 넣어 주십시오(시편 51:1-10).

이 시에는 다윗의 '부서지고 꺾인 마음'에서 솟는 통회의 눈물이 시냇물처럼 흘러내립니다. 어떤 신학자의 말처럼 눈물은 '지성에서 감성으로 내려오게 하는 하나님의 방법'인지도 모릅니다. 그렇다면 눈물은 하나님의 은혜가 아닙니까. 인간의 노력으로 지울 수 없는 죄의 얼룩을 말갛게 씻어주니 말입니다.

다윗은 눈물의 은총을 잘 알고 있었습니다. 하나님은 통회의 눈물을 업신여기지 않으신다는 것. 그래서 그는 눈물의 기도야말로 하나님이 기뻐하시는 제물이라고 고백합니다. 그렇습니다. 하나님은 소나 양과 같은 제물을 바치는 것보다 마음의 찢는 회개를 통해 당신께로 돌아오는 것을 더 기뻐하십니다. 회개는 나의 안목을 바뀌게 하여 자아 중심적 삶에서 하나님 중심의

삶으로 돌아서게 하기 때문입니다.

자애로운 하나님의 눈물

하여간 우리는 이런 눈물의 기도를 통해 잃어버린 자아를 회복할 수 있습니다. 자기가 저지르는 행위가 악행인 줄도 모르는 이의 눈에 덮인 욕망의 비늘을 벗겨주는 것도 눈물이며, 돌처럼 굳어진 완악한 마음을 녹여 부드럽게 만들어주는 것도 눈물입니다.

슬픔은
나를 목욕시켜 준다
나를 다시 한 번 깨끗하게 한다

슬픈 눈에는
그 영혼이 비추인다
먼 나라의 말소리도 들리듯이…

슬픔 안에 있으면

07 눈물 속 회개를 그분은 더 반기신다
_다윗의 기도

나는 바르다

믿음이 무엇인지 나는 아직 모르지만
슬픔이 오고 나면
풀밭과 같이 부푸는
어딘가 나의 영혼…
- 김현승의 〈슬픔〉 부분

시인의 고백처럼 우리는 때때로 자기 실존의 한계, 존재의 어둠 앞에서 슬픔의 눈물을 흘릴 수밖에 없습니다. 그때 슬픔의 눈물은 '나를 목욕시켜주고 / 나를 다시 한 번 깨끗하게' 합니다. 그리고 그 슬픔의 눈으로 비로소 내 안에 '풀밭과 같이 부푸는…… 영혼'의 빛을 어렴풋이 느낄 수 있습니다. 이때 나는 나를 옭아매는 어둠의 사슬을 끊고 존재의 광명이신 분께 나아갈 수 있습니다. 그래서 시인은 '슬픔 안에 있으면 / 나는 바르다'고 말합니다.

다윗이 고백하듯이 우슬초로 말갛게 씻겨진 영혼, 슬픔의 눈물로 씻겨진 영혼은 이제 하나님을 다정한 길동무로 삼을 수 있습니다. '깨끗한 마음'을 지어주신 분이 깨끗해진 사람의 길동무가 되시기 때문입니다.

　다윗의 후손인 예수께서도 눈물이 지닌 영롱한 가치를 높이 평가하셨습니다. 산상수훈에서 '애통하는 사람은 복이 있다'고 말씀하신 그분은 십자가의 피눈물로 사람들의 더러움을 씻겨주셨습니다. 또 진흙을 눈에 발라 소경의 눈을 뜨게 하신 것처럼 뜨거운 눈물로 사람들의 영혼의 눈을 씻겨 참 생명을 주시는 분을 볼 수 있도록 해주셨습니다.

　평화의 길을 알지 못하고 예언자들을 죽인 예루살렘을 내려다보며 우시고, 나사로의 무덤 앞에 서서 슬피 우시던 예수님의 눈물은 곧 인간을 측은히 여기시는 하나님의 자애로움의 눈물이었을 것입니다.

　우리를 위해 흘리는 하나님의 눈물은 이 척박한 땅의 것들에 매여 질퍽이며 사는 우리 속의 더러움을 닦아내주고, 새로운 존재로 거듭나는 기쁨을 안겨주십니다. 하나님의 자애로운 눈물의 의미를 온전히 아는 자만이 여전히 땅을 딛고 살면서도 낙원에 사는 기쁨과 환희를 미리 맛볼 수 있을 것입니다.

　'푸른 풀밭', '잔잔한 물가'로 이끌어 영혼에 생기를 북돋아주시고 바른 길로 인도하시는 주님이 자기와 함께 하신다는 다윗의 감사의 고백처럼……..

진실로, 주님의 선하심과 인자하심이
내가 사는 날 동안 나를 따르리니,
나는 주의 집에서 영원토록 살겠습니다(시편 23:6).

08

치유하시는 하나님과
항상 접촉하기

히스기야의 기도

우리는 우리를 사랑하시고 치유하시는 하나님의 손길과
늘 접촉하여야 합니다.
나는 그 접촉을 기도라 부르고 싶습니다.
기도를 통해서만 우리는 하나님과의 튼실한 관계를
지속해 나갈 수 있습니다.
이런 관계가 지속될 때 우리 존재의 내밀한 곳에 계시는
하나님의 사랑의 영이 우리를 건강하게 살도록
이끌어주실 것입니다.

신심이 깊어 하나님과의 사귐을 소중히 여기며 기도하는 사람은 인생이 겪는 아픔과 고통에서 자유로울 수 있을까요? 질병, 가난, 이별, 고독, 근심, 염려, 죽음의 공포 등 인간 존재의 유한성에서 해방될 수 있을까요? 성서에 나오는 인물들을 보면 꼭 그렇지도 않아 보입니다.

유대의 왕 가운데 성군聖君으로 일컬어지는 히스기야. 그는 무력武力보다 하나님을 더 신뢰하고, 타락한 종교를 개혁하고, 국가적 시련이 닥칠 때마다 하나님께 무릎 꿇기를 게을리 하지 않은 왕이었습니다. 하지만 히스기야 역시 보통 사람이 겪는 생의 고통에서 자유롭지 않았습니다.

'제비처럼 두루미처럼 울고 비둘기처럼 탄식' 하는 히스기야

하나님의 전적인 도우심으로 적국 아시리아의 위협에서 막 벗어날 무렵, 목숨이 위태로울 정도의 중병重病이 히스기야를 엄습했습니다. 청천벽력이었습니다! 나라의 어려운 일이 있을 때마다 믿고 의지하는 예언자 이사야가 문득 나타나 히스기야에게 하나님의 말씀을 전해주었는데, 그것은 다름 아닌 '죽음의 선고'!

너는 집을 정리하라. 네가 죽고 살지 못하리라
(열왕기하 20:1).

이 날벼락 같은 예언자의 선고 앞에서 히스기야는 얼마나 큰 충격을 받았을까요. 세상에 죽음을 예비하고 사는 사람은 흔치 않습니다. 죽음의 사자가 코앞에 들이닥쳐도 대부분의 사람들은 죽음은 자기와 상관없는 일이라고 여깁니다. 가까운 사람들이 곁에서 죽어가는 것을 보면서도 자기가 죽을 거라고 생각하는 사람은 드뭅니다.

히스기야 역시 몹시 고통스러웠던 모양입니다. 이사야의 말을 듣고 난 그는 곧 얼굴을 벽 쪽으로 돌리고 하나님께 눈물로 호소했습니다.

주님, 주님께 빕니다. 제가 주님 앞에서 진실하게 살아온 것과, 온전한 마음으로 순종한 것과, 주께서 보시기에 선한 일을 한 것을, 기억해 주십시오(열왕기하 20:3).

이런 기도를 올리고 나서 히스기야는 슬피 통곡하였다고 합니다. 신하들 앞에서 눈물을 쏟으며 흐느껴 우는 왕. 드높은 체통도 아랑곳없이 처량한 모습으로 울부짖는 왕. 이 눈물에 젖은 기도 내용을 살펴보면 히스기야가 죽음 앞에서 자기 자신을 변호한 것이라기보다는 하나님에 대한 지극한 사랑의 고백으로 여겨집니다.

하나님의 말씀을 전한 뒤 이사야가 궁전을 막 벗어나려 할 무렵, 하나님은 갑자기 히스기야가 죽을 거라는 선고를 거두십니다. 참 변덕스럽기도 하시지, 방금 전에 내린 죽음의 선고를 금세 거두시다니! 그 이유는 무엇일까요. 히스기야의 진실한 삶, 온전한 순종, 그가 행한 선한 일 때문일까요. 아니면 히스기야의 신심을 시험해보신 걸까요.

도무지 알 수 없는 일입니다. 그저 짐작만 할 뿐, 측량할 수 없는 하나님의 신비를 우리는 다 헤아릴 길이 없습니다.

다만 이사야가 전한 말씀에 미루어보면, 하나님께서 히스기야가 '기도하는 소리'를 듣고 그 '눈물'을 보셨다는 것입니다. 아하, 하나님은 눈물로 호소하는 간절한 기도를 외면하지 않으시는구나! '간절'이란 정성이나 마음 씀씀이가 더없이 정성스럽고 지극함을 의미합니다. 이사야서에는 히스기야의 이러한 심정이 절절하게 나타나 있습니다.

> 나는 생각하였네. '내 생의 한창때에 나는 떠나는구나. 남은 햇수를 지내러 나는 저승의 문으로 불려가는구나.' 나는 또 생각하였네. '산 이들의 땅에서 주님을 뵙지 못하고 이제는 세상 주민들 가운데 한 사람도 보지 못하겠구나.'… 낮이나 밤이나 당신께서는 저를 막바지로 몰아가시니 저는 구해 달라 아침까지 부르짖습니다. 당신께서 사자처럼 저의 뼈들을 모두 부수십니다.… 저는 제비처럼 두루미처럼 울고 비둘기처럼 탄식합니다. 위를 보느라 제 눈은 지쳤습니다. 주님, 곤경에 빠진 이 몸, 저를 돌보아 주소서 (이사야 38:10-14, 공동번역).

얼마나 애애절절한지요! 왕이라는 체면에도 불구하고 '제비처럼 두루미처럼 울고 비둘기처럼 탄식'하는 히스기야. 아마도 하나님은 이런 눈물 섞인 탄원을 들으시고 그를 측은히 여겨 질병과 죽음의 올무에서 풀려나게 해 주신 걸 겁니다.

제 혈관을 타고서 당신의 자비가 약동합니다

오늘날 우리 역시 질병으로 인해 고통받는다면, 그 병에서 치유 받고자 하는 뜨거운 갈망이 있어야 할 것입니다. 그런 갈망이 없다면 하나님이라 할지라도 치유하실 수 없는 것이 아닐까요.

예수님이 베데스다 못가에 있던 38년 된 중풍병자를 만나셨을 때 그에게 던지셨던 물음을 상기해 볼까요.

"건강해지고 싶으냐?" (요한복음 5:6)

무슨 이런 뚱딴지같은 물음이 다 있을까요. 하지만 병자 자신이 낫고자 하는 마음이 없으면 그 누구라도 병자를 낫게 할 수 없다는 것이 아닐까요.

그러니까 예수님은 중풍병자를 치유하시기 전에 먼저 치유 받고자 하는 갈망과 의지가 있는지를 물으셨던 것. 그리고 그런 갈망과 의지를 확인하고 난 연후에야 그를 무서운 질병의 사슬에서 풀어주셨습니다. 또한 예수님이 질병으로 고통당하는 사람들을 치유해 주신 뒤에 '네 믿음이 너를 고쳤다!'고 하신 말씀도 같은 맥락에서 이해할 수 있을 것입니다.

하여간 히스기야의 눈물어린 기도는 치유의 원천이신 하나님의 마음을 움직였습니다. 그는 육체의 질병만이 아니라 영혼의 아픔까지 치유를 받았습니다. 질병의 고통에서 회복된 뒤에 히스기야가 고백적으로 읊은 시를 보면, 치유하시는 하나님의 손길을 통해 마음의 평안을 얻고, 죄의 용서를 받았을 뿐만 아니라 지옥의 나락에서 구원을 얻게 되었음을 알 수 있습니다(이사야 38:16-17).

> 주님, 당신은 저를 고통이 미치지 못하는 곳으로 데려오셨습니다.
> 죽음이 닿지 못하는 곳으로 데려오셨어요.
> 평화롭게 볕을 쬐고 있는 세상이 내려다보이네요.
> 사랑하는 주님, 어떻게 저를 이 놀라운 곳으로 데려오셨나요?
> 당신의 아름다움이 제 가슴을 씻기고, 제 영혼을 끌어올려 저 자신과 몸의 감각에서 나오게 하셨습니다…
> 주님, 저는 이제 당신 안에서 거듭난 새 피조물입니다.
> 제 혈관을 타고서 당신의 자비가 약동합니다.
> 조각가가 꿀을 빚듯이, 당신은 저를 다시 빚으시어 완전한 사랑의 형상으로 만드십니다.

이 기도문은 아시시의 프란체스코를 본받아 살고자 했던 아코포네 다 토디라는 가톨릭 수사가 남긴 것입니다. 이 수사는 죽음의 고통에서 해방되었을 뿐만 아니라 완전한 사랑의 형상으로 빚으시는 하나님의 자비를 찬미하고 있습니다. 이처럼 하나님의 치유는 병든 사람의 몸과 영혼이 온전해지도록 하는, 전인적全人的인 것입니다. 영혼의 의사였던 예수님의 치유법도 다르지 않았습니다. 결국 치유는 하나님에 대한 신뢰의 회복이며, 하나님의 친밀하신 사랑에 다시금 자기 존재의 뿌리를 내리는 일입니다.

사는 날 동안 주님을 찬양하겠습니다!

하지만 인간은 유한합니다. 한두 번 하나님의 치유를 받은 경험이 있더라도 그것만으로는 부족합니다. 인간은 연약하여 또다시 상처받기 쉽고, 우리를 병들게 하는 요인들은 세상 도처에 널려 있습니다.

더욱이 분주하게 살아가다 보면 '하나님은 항상 내 안에 계신데, 나는 외출 중'인 존재의 분열 상태로 떨어지기 일쑤입니다. 분열은 병입니다. 특히 우리 존재의 뿌리이신 하나님과의 분열만큼 큰 질병은 없습니다.

그러므로 우리는 우리를 사랑하시고 치유하시는 하나님의 손길과 늘 접촉하여야 합니다. 나는 그 접촉을 기도라 부르고 싶습니다. 기도를 통해서만 우리는 하나님과의 튼실한 관계를 지속해 나갈 수 있으니까요. 이런 관계가 지속될 때 육안으로는 볼 수는 없지만 우리 존재의 내밀한 곳에 계시는 하나님의 사랑의 영이 우리를 건강하게 살도록 이끌어주실 것입니다.

건강을 회복한 이의 징표는 하나님에 대한 찬양과 감사입니다. 히스기야는 건강을 회복한 뒤 사랑의 중심이 하나님이라 고백하고, 그분만 섬기겠다고 다짐합니다. 그분만 섬기겠다는 것은 자기를 '사랑하는 분'의 음성에 귀 기울이고, 그분의 부르심을 따라 살겠다는 것입니다.

기도하는 사람은 이처럼 하나님과의 다정한 소통을 무엇보다 소중히 여깁니다. 그 소통의 으뜸말은 찬양의 시입니다. 기도의 사람 히스기야가 낭랑하게 들려주는 시를 경청해봅시다.

> 주님, 주께서 저를 낫게 하셨습니다.
> 우리가 수금을 뜯으며, 주님을 찬양하겠습니다.
> 사는 날 동안, 우리가
> 주의 성전에서 주님을 찬양하겠습니다(이사야 38:20).

09 아름다운 기도의 전사(戰士)

에스더의 기도

한 사람의 오롯한 깨어 있음이 겨레붙이들을 살렸습니다.
깨어 있음, 곧 기도는 이처럼 힘이 셉니다.
기도가 힘이 센 것은 하나님이 기도하는 이와
함께 하시기 때문입니다.
죽으면 죽으리라고 하나님께 매달렸던 그녀의 기도는
불의한 힘을 무찌르고 정의를 우뚝 세우고야 말았습니다.

거울 앞에 앉은 에스더가 화장을 마쳤습니다. 평소 같으면 거울 앞에서 행복한 미소를 지었을 에스더는 마냥 행복해 보이지는 않았습니다. 뭔가 초조해하고 긴장해 있는 기색이 역력했습니다. 거울에는 에스더의 그런 내면이 비치고 있습니다.

이제 곧 대왕을 알현할 시간이 다가오고 있었습니다. 에스더는 괴로운 표정을 지으며 눈을 감습니다. 눈을 감아도 쉽사리 마음의 평정을 찾을 수 없습니다. 에스더는 붉은 입술을 굳게 깨물며 혼자 중얼거립니다.

죽으면 죽으리라!(에스더 4:17)

에스더의 다짐은 거울에 비친 자기 자신을 향한 다짐이 아닙니다. 자기 겨레의 주인인 하나님을 향한 다짐입니다.

09 아름다운 기도의 전사(戰士)
_에스더의 기도

불의를 이긴 여인의 힘

와스디에 이어 페르시아의 왕후가 된 에스더, 그녀는 유대인이었습니다. 유대인임에도 불구하고 왕후가 될 수 있었던 것은 그녀의 아리따운 미모 때문이었습니다. 아하수에로 대왕은 아름다운 유대 여성인 에스더를 매우 사랑했고, 에스더는 왕후로서의 행복을 흠뻑 누리고 있었습니다.

그런데 뜻하지 않은 위기가 에스더와 그녀가 속한 겨레에게 몰아닥쳤습니다.

에스더의 사촌오라버니인 모르드개가 대왕의 총애를 받던 신하인 하만에게 절하기를 거부하자, 대왕은 그 신하의 말만 듣고 왕국 안에 사는 유대인을 모두 죽이라는 명을 내린 것이었습니다.

이런 청천벽력 같은 소식이 또 있을까요. 모르드개는 이 무서운 음모를 즉시 에스더에게 알렸습니다. 에스더는 처음엔 경악했지만, 곧 마음을 추스르고 대왕에게 나아가 탄원하기로 결심했습니다. 하지만 대왕에게 나아가는 것은 위험이 따랐습니다.

그 위험은 두 가지. 첫째로 유대인을 위해 탄원함으로써 에스더 자신도 유대인이라는 것을 대왕에게 상기시키게 되고, 둘째로 대왕의 부름을 받기 전에 대왕이 머무는 궁궐 안뜰로 들어가는 것은 국법이 금하는 일이었습니다.

국법을 어기면 왕후라 할지라도 살아남는다는 보장이 없었습니다. 국법은 대왕의 사랑보다 위에 있었습니다. 국법은 대왕과 대왕이 사랑하는 여인을 갈라놓을 수 있었습니다. 그것이 사랑보다 높은 위치에 있는 국법이 갖는 힘이었습니다. 에스더는 이런 위험을 잘 알고 있었습니다. 에스더는 대왕에게 나아가기 전에 사흘 동안 식음을 전폐하고 간절히 기도했습니다.

저의 주님, 저희의 임금님, 당신은 유일한 분이십니다.… 저희 고난의 때에 당신 자신을 알리소서. 저에게 용기를 주소서.… 당신 손으로 저희를 구하시고 주님, 당신밖에 없는 외로운 저를 도우소서. 당신께서는 모든 것을 알고 계시며 제가 무법자들의 영광과 할례 받지 않은 자들과 모든 이민족들의 잠자리를 경멸함을 알고 계십니다. 당신께서는 저의 곤경을 아십니다. 제가 공식석상에 나가는 날 머리에 쓰는 제 위엄의 상징을 경멸함을 아십니다. 저는 그것을 개집처럼 경멸하며 쉬는 날에는 쓰지 않겠습니다. 당신의 여종은 하만의 식탁에서 함께 먹지 않았고 임금의 연회를 영예롭게 하지도 않았으며 신들에게 바친 술을 마시지도 않았습니다. 또한 당신의 여종은 여기로 옮기고 나서부터 지금

까지 당신이 아니고는 기뻐한 적이 없습니다. 만물 위에 권능을 떨치시는 하나님! 절망에 빠진 이들의 소리를 귀여겨 들으시어 악인들의 손에서 저희를 구하소서. 또한 이 두려움에서 저를 구하소서(에스더 4:17⑭-17㉕, 공동번역 개정판).

드디어 에스더는 예복을 갖춰 입고 궁궐 안뜰로 들어섰습니다. 대왕이 거처하는 궁궐 안뜰로 들어서는 에스더는 두려움에 온몸이 사시나무처럼 떨렸습니다. 그때 마침 왕좌에 앉아 바깥을 내다보던 아하수에로 대왕은 아리따운 왕후 에스더가 안뜰에 서 있는 것을 보고 손에 쥐고 있던 황금 왕홀을 내밀었습니다. 왕홀을 내미는 대왕의 눈빛엔 에스더에 대한 지극한 사랑이 담겨 있었습니다.

에스더 왕비, 무슨 일이오? 그대의 소원이 무엇이오? 왕국의 반이라도 그대에게 주겠소(에스더 5:3).

이 순간, 대왕이 내민 황금 왕홀을 잡은 에스더의 얼굴엔 모든 수심과 두려움이 싹 사라집니다. 잔뜩 긴장했던 에스더는 깊은 한숨을 마음껏 토해냅니다. 에스더는 곧 대왕을 잔치에 초대하고, 대왕은 에스더의 청을 흔쾌히 받아줍니다. 대왕을 위해

베푼 성대한 잔치 자리에서 에스더는 하만이라는 신하에 의해 계획된 유다인 말살 음모를 폭로합니다.

유다인의 씨를 말리려던 하만은 모르드개를 죽이기 위해 세워 놓은 장대에 자신이 매달려 죽게 되고, 유대인을 말살하려고 선포되었던 왕의 포고령은 거두어집니다.

연약하기 짝이 없는 한 여성의 힘이 불의한 힘을 이긴 것입니다.

그 힘은 어디서 나온 것일까요. 에스더는 한 나라의 왕후로서 누리는 부귀영화에 취해 겨레의 불행을 외면할 수도 있었습니다. 하지만 에스더는 일신의 행복을 위해 겨레의 불행을 외면하지 않았습니다.

이것은 에스더가 겨레가 섬기는 하나님을 또렷이 기억하고 하나님을 향해 늘 깨어 있었기 때문이 아닐까요. 휘황한 세속의 행복에 취하여 하나님 신앙을 저버리는 이들이 얼마나 많던가요.

왕후가 누리는 영화는 천만인이 우러르고 부러워하는 것이 아닙니까. 하지만 에스더는 그런 영화도 때가 차면 시들어버리는 풀꽃 같은 것임을 깊이 자각하고 있었던 것이 아닐까요.

하나님의 명주실

기도가 무엇입니까. 에스더가 우리에게 보여주듯이, 항상 하나님을 향해 초롱초롱 깨어 있음이 아닙니까. 오늘 우리도 세속에서 누리는 행복의 취기에 젖어 있으면 하나님에 대한 기억은 점차 희미해지고, 자기 존재의 뿌리를 망각해버리고 맙니다.

하나님은 우리를 밧줄 같은 것으로 묶어서 끌고 가시는 분이 아닙니다. 우리를 인도하실 때 하나님은 가는 '명주실' 같은 것으로 이끄신다고 합니다(마하트마 간디). 명주실은 눈에 잘 띄지도 않을 만큼 가늘고 연약합니다. 그처럼 가늘고 연약한 명주실로 하나님이 우리를 당겨 이끌어 가신다면, 우리는 항상 깨어 있어야 합니다. 그렇지 않으면, 하나님과 우리 사이를 이어주는 명주실이 끊어질지도 모르기 때문입니다.

에스더에게는 물론 자기와 하나님 사이를 이어주는 명주실 역할을 하는, 하나님에 대한 신심이 깊은 사촌 오라버니 모르드개가 있었습니다. 하지만 만일 에스더가 깨어 있지 않았다면 모르드개의 충고도 귀에 들리지 않았을 것입니다.

귀가 붙어 있다고 들을 수 있는 것이 아닙니다. 천둥처럼 큰 소리가 들려도 우리가 다른 것에 마음을 빼앗기고 있으면 그 소리는 들리지 않습니다. 마음귀를 열고 주의를 기울여야 들을 수 있습니다. 그래서 예수께서는 잠에 취해 있는 제자들을 향해 '깨어 있으라!'고 간곡히 당부하셨던 것입니다.

한 사람, 에스더의 오롯한 깨어 있음이 겨레붙이들을 살렸습니다. 깨어 있음, 곧 기도는 이처럼 힘이 셉니다. 기도가 힘이 센 것은 하나님이 기도하는 이와 함께 하시기 때문입니다. 죽으면 죽으리라고 하나님께 매달렸던 에스더의 기도는 무고한 겨레를 말살하려는 저 불의한 힘을 무찔렀습니다. 불의한 힘을 무찌르고 정의를 우뚝 세우고야 말았습니다.

에스더는 아름다움 때문에 한 나라의 왕후가 되었지만, 그는 자신의 아름다움을 일신의 행복만을 위해 사용하지 않았습니다. 그는 자신의 삶을 하나님의 정의를 세우는 데 기꺼이 바쳤습니다.

겨레붙이를 위해 목숨을 걸었던 에스더를 나는 아름다운 전사戰士라 부르고 싶습니다. 아름다운 기도의 전사라고!

10
깨어 있는 하늘의 나팔수

하박국의 기도

이제 예언자의 시선은 세상의 어둠과 고통의 현실을
향해 있지 않습니다.
오히려 하나님을 향해 있습니다. 그의 시선이 바뀐 것입니다.
그는 이제 하나님을 마주보며 경외감에 사로잡힙니다.
세계는 고약스럽고, 난폭한 분노는
하나님의 정원을 쑥대밭으로 만들겠지만,
그럼에도 불구하고 예언자는 '구원의 하나님'을 바라보며
환성을 올립니다.

예언자는 하늘이 어찌 말씀하시는가를 헤아려 그 뜻을 전하는 나팔수입니다. 하늘의 충실한 나팔수이기 위해서는 하나님을 향해, 그리고 세상에 대해 늘 민감하게 깨어 있어야 합니다. 예언자는 영혼의 안테나를 늘 곧추세우고 살아가는 사람입니다.

예언자는 그 자신이 하나의 관점이지만, 그 자신의 관점에 고착되어 있어서는 안 됩니다. 예언자 역시 불완전한 인간이므로! 따라서 예언자는 항상 자기를 비울 줄 알아야 합니다. 자기를 비우지 않으면 자기 관점과 입장을 꺾고 하나님의 뜻을 받들 수 없기 때문입니다.

하늘의 뜻을 전하는 나팔수

하박국이 그런 사람이었습니다. 그의 삶에 대해서는 자세히 알려진 게 별로 없습니다. 그의 이름으로 쓰인 책이나 연구서를 뒤적여보아도 그렇습니다.

하박국은 예언자인가? 아마도 그런 것 같습니다. 그는 폭력이 가득하고 정의가 비뚤어진 형태로밖에는 실현되지 않는 현실에 절망하며 하나님 앞에 울부짖습니다. 하박국은 안개 속처럼 혼미한 현실에서도 하나님의 정의라는 예민한 더듬이를 늘 곤추세우고 있었습니다. 이것은 그가 늘 깨어 있는 기도의 사람이었기 때문입니다. 하박국은 여호야김(B.C. 609-589)이 다스리던 때에 활약한 유다 출신의 예언자였을 것이라고 추측합니다(아브라함 요수아 헤셸). 당시는 바빌로니아 왕인 느부갓네살이 승승장구하며 뭇 나라를 정복하던 때였습니다.

> 주님, 당신께서 듣지 않으시는데 제가 언제까지 살려달라고 부르짖어야 합니까? 당신께서 구해주지 않으시는데 제가 언제까지 '폭력이다!' 하고 소리쳐야 합니까?(하박국 1:2)

하박국이 눈을 뜨고 바라보는 세상은 온통 지배자들이 행하는 억압, 폭력, 불의뿐이었습니다. 백성을 위한답시고 만들어진 법은 오히려 백성들 위에 군림하며 백성들을 괴롭혔고, 공정公正은 물이 말라버린 우물을 가리키는 공정空井처럼 정의의 강물은 말라붙어 흐르지 않았습니다. 오로지 악인들이 득세하는 세상, 왜곡된 공정만 모습을 드러낼 뿐(하박국 1:4).

무려 2,500여 년 전 세상의 모습입니다. 2,500여 년이 지난 오늘날 우리의 현실은 좀 달라졌나요. 여전히 세상의 권력자들은 공정사회를 외칩니다. 하지만 그들이 외치는 공정은 입에 발린 말일 뿐. 그들의 외치는 공정은 정의로운 사회를 바라는 목마름을 채워줄 물이 솟지 않는 텅 빈 우물[空井]과도 같고, 살아 있는 것들이 내뿜는 생기라곤 없는 텅 빈 뜰[空庭]과도 같을 뿐입니다. 도대체 왜 이 모양일까요. 과연 인간의 정신은 예나 이제나 조금도 진보하지 않은 것일까요. 그래서 우리는 다시 예언자의 외침을 거울삼아 살아야 하는 것일까요.

예언자는 하나님이 악에게 너무 너그러우시다는 생각으로 번민하고 있습니다. "언제까지?" 하박국은 울부짖습니다. "어찌하여?"

하박국의 울부짖음을 듣고 하나님이 응답하십니다.

> 너희는 민족들을 눈여겨보아라. 놀라고 질겁할 일이 벌어질 것이다. 너희가 살아 있는 동안에, 내가 그 일을 벌이겠다. 너희가 듣고도, 도저히 믿지 못할 일을 벌이겠다. 이제 내가 바빌로니아 사람을 일으키겠다…(하박국 1:5-6).

하나님은 유다 민족이 저지르는 악에 대해 이민족을 일으켜 징벌하겠다고 으름장을 놓으십니다. 그러나 하나님은 왜 당신이 이민족 바빌로니아를 일으켜 온 세상을 질풍노도처럼 휩쓸어버리려 하시는지 해명해 주시지 않습니다. 따라서 스스로 선민이라고, 하나님의 특별한 사랑을 받는다고 여기는 유다 백성들은 하나님의 경륜을 이해할 수 없다고 투덜거리기만 했을 것입니다.

하지만 하박국은 하나님의 그 신비로운 목소리가 무엇을 뜻하는지 알고 있었던 것 같습니다. 그리하여 하박국은 비밀에 싸인 하나님의 목소리를 스스로 해명하고 나섭니다.

> 주님, 주께서는 우리를 심판하시려고 그를 일으키셨습니다. 반석이신 주께서는 우리를 벌하시려고 그를 채찍으로 삼으셨습니다(하박국 1:12).

그러니까 죄를 지었을 때 스스로 깨닫지 못하면 하나님은 죄를 깨닫게 하기 위해 이민족의 채찍을 통해 심판하신다는 것입니다. 아마도 선민사상에 사로잡힌 이들은 하박국의 이런 말을 듣고 어쩌면 그를 매국노라 여겼을 것입니다. 하나님이 이민족의 채찍으로 우리 민족을 징벌하신다고? 어찌 그러실 수가?

'늦어지는 듯 하더라도 너는 기다리라'

그러나 하박국의 하나님은 이제 더 이상 유다 민족만을 편애하는 분이 아니었습니다. 하나님의 사랑에는 국경이 없습니다. 하나님의 정의는 민족, 국가, 혈연 따위의 장벽을 넘어섭니다. 하나님은 민족, 국가, 혈연 따위의 장벽에 얽매이시는 분이 아닙니다. 하나님은 당신이 선택한 유다 민족이라도 잘못했을 때는 가차 없이 징벌하셨습니다.

하박국의 눈 밝은 해명처럼 '하나님의 눈에 거슬리는 악한 짓'을 한 유다 왕 여호야킴은 마침내 그 대가를 치렀습니다.

스물다섯 살에 유다 왕이 되어 열한 해 동안 유다를 다스린 여호야킴은 바빌로니아 임금 느부갓네살에게 청동사슬로 묶여 바빌로니아로 끌려가고 말았습니다. 그러나 악한 짓을 한 유다 왕이 대가를 치루는 것은 이해할 수 있다 하더라도, 저 수많은 죄 없는 백성들이 당하는 고통은 또 어쩌란 말인가요.

바빌로니아 사람들이 유다 백성에게 가하는 무자비한 행위를 보며 하박국은 또다시 하나님께 탄원합니다. 바다에 헤엄쳐 다니는 물고기들을 그물을 쳐 잡듯이 유다 백성이 바빌로니아 사람들에게 무자비하게 떼죽음 당하도록 내버려두어도 되느냐고 울부짖습니다.

하바국이 보기에 세상은 어둠으로 가득하고, 그의 마음도 분노로 가득합니다. 아무리 당신의 백성이 잘못을 저질렀다 하더라도 이렇게 이민족의 잔인한 창칼에 짓밟히도록 놓아두는 것이 과연 하나님의 정의란 말인가요.

하박국은 잔뜩 성이 난 채 하나님을 만날 수 있기만을 기다립니다.

내가 초소 위에 올라가서 서겠다. 망대 위에 올라가서 나의 자리를 지키겠다. 주님이 나에게 무엇이라고 말씀하실지 기다려 보겠다. 내가 호소한 것에 대하여 주께서 어떻게 대답하실 지를 기다려 보겠다(하박국 2:1).

드디어 하나님이 응답하십니다. 하바국에게 환시를 보여주시고 나서 '늦어지는 듯 하더라도 너는 기다리라.'고. 그리고 예언자가 지녀야 할 진정한 삶의 태도를 일러주시는데, '의인은 성실함으로 살아야 한다.'고.

이것이 과연 분노에 찬 예언자의 물음에 대한 성실한 응답일 수 있을까요. 동문서답이 아닌가요.

그러나 예언자 하박국은 하나님의 말씀을 경청한 뒤 벙어리처럼 입을 꾹 다뭅니다. 예언자적 신앙은 오직 그분을 신뢰하는 것. 그리하여 그분이 하시는 일이 못마땅하더라도 그것이 구원을 위하여 불가피한 일임을 깨닫고 받아들여야 하는 것. 하박국은 겸허한 마음으로 기도합니다.

> 진노하시더라도, 잊지 마시고 자비를 베풀어 주십시오(하박국 3:1).

이제 예언자의 시선은 세상의 어둠과 고통의 현실을 향해 있지 않습니다. 오히려 하나님을 향해 있습니다. 하박국의 시선이 바뀐 것입니다. 그는 이제 하나님을 마주보며 경외감에 사로잡힙니다. 세계는 그악스럽고, 난폭한 분노는 하나님의 정원을 쑥대밭으로 만들겠지만, 그럼에도 불구하고 예언자는 '구원의 하나님'을 바라보며 환성을 올립니다.

이런 기쁨의 감각은 어둠과 고통과 모순으로 가득 찬 수평적 세계에 붙잡히지 않고 그것을 넘어 무한하신 하나님을 바라볼 때만 주어지는 선물입니다. 서두에서 말했지만 자기의 입장과 관점을 비우고 무한하신 하나님의 뜻을 받들 때에만 주어지는 은총입니다. 온새미로 자기를 여읜 예언자의 입에서 울려나오는 저 가슴 벅찬 찬양의 노래를 들어봅시다.

무화과나무는 꽃을 피우지 못하고
포도나무에는 열매가 없을지라도,
올리브나무에는 딸 것이 없고
밭은 먹을 것을 내지 못할지라도,
우리에서는 양 떼가 없어지고
외양간에는 소 떼가 없을지라도,
나는 주님 안에서 즐거워하고
내 구원의 하나님 안에서 기뻐하리라(하박국 3:17-18).

11

숨어계신 하나님께 올리는 탄원

욥의 기도

―――

온 마음을 다해 털어놓는 탄원.
까닭 없는 고통을 왜 겪어야 하는지 알 수 없는,
그 알 수 없음의 무지 앞에 절망하며 울부짖는 탄원.
이러한 탄원보다 더 깊은 기도가 어디 있겠습니까.
얼굴을 숨기시는, 숨어 계신 하나님을
찾아내고 싶은 자의 갈망보다
더 깊은 기도가 어디 있겠습니까.

―――

그 엄청난 일이 있기 전까지 욥의 삶은 잔잔히 흐르는 물 같았습니다.

물의 흐름은 자연스러웠고, 물은 스스로 물길을 만들며 흘러흘러 큰물로 향했습니다. 윗물이 아랫물을 밀며 흐를 때 아랫물은 윗물과 다투지 않고 사이좋게 흘렀습니다. 그런 어느 날 욥이라는 작은 물이 큰물로 향할 때 갑자기 작은 물이 감당할 수 없는 거대한 벽이 막아섰습니다. 그 벽은, 흐르던 물이 벽에 부딪힐 때 우회해 나아갈 수도 없는 거대한 벽이었습니다. 그 거대한 벽 앞에서 작은 물이 소용돌이치며 울부짖습니다.

아, 내가 겪은 고난을 모두 저울에 달아 볼 수 있고, 내가 당하는 고통을 모두 저울에 올릴 수 있다면, 틀림없이, 바다의 모래보다 더 무거울 것이니, 내 말이 거칠었던 것은 이 때문이다. 전능하신 분께서 나를 과녁으로 삼고 화살을 쏘시니, 내 영혼이 그 독을 빤다. 하나님이 나를 몰아치셔서 나를 두렵게 하신다(욥기 6:2-4).

11 숨어계신 하나님께 올리는 탄원
_욥의 기도

이제 욥의 생은 물처럼 흐르지 못합니다. 욥의 생은 큰물인 하나님을 향해 순조롭게 흐르지 못하고 거대한 벽 앞에서 고통스럽게 소용돌이칠 뿐입니다. 그 소용돌이치는 고통의 물굽이는 갈수록 높아집니다.

죄 없는 사람이 망한 일이 있더냐?

하루아침에 그 많던 재산이 다 날아가고, 집이 부서지고, 금지옥엽 같은 자식들이 모두 죽고, 이젠 자신의 몸뚱이마저 까닭을 알 수 없는 끔찍한 병에 걸려 죽어갑니다. 그가 의지했던 외부적인 것들의 소멸로 인한 고통은 아무것도 아닙니다. 이제 고통은 그의 흠 없는 영혼마저 야금야금 갉아먹기 시작합니다. 더욱이 평생을 함께 해온 영혼의 동반자가 뱉어내는 치명적인 악담!

> 당신은 아직도 당신의 그 흠 없는 마음을 굳게 지키려 하나요? 하나님을 저주하고 죽어버려요(욥기 2:9).

평생을 함께 살을 맞비비며 살아온 아내의 말은 이미 깊은 상처로 신음하는 그의 가슴에 비수를 꽂습니다. 전능하신 분의 화살보다 더 깊이깊이 그의 가슴을 찢어놓습니다. 그러나 흠 없는 영혼은 그 비수에 찔려 고통스러워하면서도 보이지 않는 궁극자와의 연결된 끈을 놓지 않습니다. 욥이 자기 아내에게 속삭입니다.

> 당신까지도 어리석은 여자들처럼 말하는구려. 우리가 누리는 복도 하나님께로부터 받았는데, 어찌 재앙이라고 해서 못 받는다 하겠소?(욥기 2:10)

좋은 것을 받은 자는 나쁜 것도 받을 수 있을까요. 좋은 것을 받을 때는 이유를 묻지 않지만, 나쁜 것이 다가올 때는 이유를 묻지 않던가요. 왜 흠 없이 살아온 내가 이런 나쁜 것을 받아야 하느냐고!

더욱이 자기에게 다가온 나쁜 것이 지상의 어떤 것에서가 아니라 '하나님으로부터' 왔다고 생각하면, 그것을 덥석 받아 안기는 쉽지 않습니다. 어찌 좋은 것을 주시던 분이 '까닭 없이' 나쁜 것을 주시느냐고 항변할 수 있습니다.

나쁜 것을 받아 안고 고통 속에 신음하는 욥을 찾아온 세 벗들과의 긴 담화가 그것입니다. 그러나 남의 고통을 지켜보는 자와 직접 고통을 겪는 자의 담화는 계속 어긋납니다. 벗들과 마주보고 나누는 담화지만 그 담화를 통해 소통은 일어나지 않습니다. 그렇게 어긋나고 갈등하면서도 벗들과의 담화는 계속 이어집니다. 그 담화는 지상의 유한성 속에 갇힌 자들의 것입니다. 그 담화는 유한성의 고통의 바다를 몸으로 헤엄치며 사는 자들의 것입니다.

그 긴 담화를 이어가는 욥의 벗들은, 그가 당하는 고통이 까닭 없는 것이 아니라며 욥을 겁박합니다. 죄의 늪에 몸을 담그고 있기 때문이라고. 죄의 늪에 몸을 담그고 있기 때문에 하나님의 징벌을 받는 것이라고.

> 잘 생각해 보아라. 죄 없는 사람이 망한 일이 있더냐? 정직한 사람이 멸망한 일이 있더냐? 내가 본 대로는, 악을 갈아 재난을 뿌리는 자는 그대로 거두더라. 모두 하나님의 입김에 쓸려가고, 그의 콧김에 날려 갈 것들이다(욥기 4:7-9).

벗이라는 자들은 계속해서 욥이 당하는 고통의 원인을, 욥 자신에게 있는 것이라고 추궁합니다. 벗이라는 자들은 벗이라는 허울을 쓰고 곁에 머물러 있을 뿐 벗의 고통을 함께 나누려 하지 않습니다. 벗의 고통을 위로하러 온 벗들은 벗의 고통에

참여하지 않고 고통의 상처를 덧낼 뿐입니다. 벗의 상처에 굵은 소금을 뿌려 더 쓰라리게 할 뿐입니다.

> 너는, 하나님이 심판을 잘못하신다고 생각하느냐? 전능하신 분께서 공의를 거짓으로 판단하신다고 생각하느냐? … 늪이 아닌 곳에서 왕골이 어떻게 자라겠으며 물이 없는 곳에서 갈대가 어떻게 크겠느냐?(욥기 8:3-11)

욥의 벗들은 지상에 붙박인 존재들이 겪는 고통에는 까닭이 있다고 믿습니다. 모든 고통에는 까닭이 있다는 그들의 믿음에는 추호의 의심도 없습니다.

욥의 벗들은 지상에 붙박인 존재들이 만든 이 법칙의 테두리를 굳게 신봉합니다. 그들이 이 법칙의 테두리를 고수할 때 욥은 이 법칙의 테두리를 벗어날 수 없습니다. 이 법칙의 테두리에 갇혀 있는 한 그는 죄인일 뿐이며, 그가 죄인인 한 하나님의 징벌을 피할 길은 없습니다.

욥의 항변, 숨어 계신 하나님을 향한 탄원

그러나 욥은 이 벗이라는 자들의 신념을 받아들일 수 없습니다. 원인이 결과를 낳는다는 신념 말입니다. 욥은 지상의 법정의 판결을 신봉하는 자들의 이 신념을 의심합니다. 따라서 단죄하기를 즐기는 지상의 법정의 관습을 받아들일 수가 없는 것입니다.

> 하나님이 나와 같은 사람이기만 하여도 내가 그분께 말을 할 수 있으련만, 함께 법정에 서서 이 논쟁을 끝낼 수 있으련만, 우리 둘 사이를 중재할 사람이 없고, 하나님과 나 사이를 판결해 줄 이가 없구나!(욥기 9:32-33)

'하나님과 나', 즉 우리 둘을 중재할 자가 없으므로 인간의 지혜로 만든 법정에는 살 수 없다는 욥의 항변. 우리 둘 사이에는 어떤 심판자도 있을 수 없다는 항변.

이제 욥의 시선은 벗들이라는 자들에게 향하지 않습니다. 벗들이라는 자들은 인간이 만든 지상의 법칙과 관습에 묶여 있기 때문입니다. 지상의 법칙과 관습 너머의 것을 보지 못하기 때문입니다. 끓어오르는 용광로 속의 쇠처럼 고통을 겪으며 단련된 욥의 시선은 그만큼 깊디깊습니다. 욥은 자기 자신의 귀에나 들릴 듯한 말로 중얼거립니다.

> 벗이라며 찾아온 벗들이여. 고맙네. 그러나 그대들의 시선은 지상의 법칙에 묶여 있을 뿐. 인생은 깊네. 인생은 그렇게 간단하지 않네. 나는 자네들이 말하는 그 모든 것을 보았고 이해하였네. 그러나 자네들의 금언은 재와 같고, 자네들의 답변은 진흙과도 같을 뿐이네. 그만 입을 다물고 나를 놓아주게나.

욥은 이제 벗이라는 자들에게서 시선을 거두어 하늘을 우러러보며 입을 뗍니다.

> 내가 이 모든 것을 내 눈으로 똑똑히 보고, 내 귀로 다 들어서 안다. 너희가 아는 것만큼은 나도 알고 있으니, 내가 너희보다 못할 것이 없다. 그러나 나는 전능하신 분께 말씀드리고 싶고, 하나님께 내 마음을 다 털어놓고 싶다.… 하나님, 나를 고발하시겠습니까? 그러면 나는 조용히 입을 다물고 죽을 각오를 하고 있겠습니다(욥기 13:1-19).

욥의 항변, 그것은 숨어 계신 하나님을 향한 탄원입니다. 하나님을 향한 탄원이기에 욥의 항변은 불경스럽지 않습니다.

　온 마음을 다해 털어놓는 탄원. 내가 당하는 고통이 어디에서 오는지 모를 때 그 모름의 무지를 그대로 드러내는 탄원. 왜 까닭 없는 고통을 겪어야 하는지 알 수 없는, 그 알 수 없음의 무지 앞에 절망하며 울부짖는 탄원.

　이러한 탄원보다 더 깊은 기도가 어디 있겠습니까. 얼굴을 숨기시는 분을, 숨어 계신 하나님을 찾아내고 싶은 자의 갈망보다 더 깊은 기도가 어디 있겠습니까.

12

고통의 숙명을
극복한 기도

야베스의 기도

―――

그의 간곡한 기도를 듣고 하나님은
다 이루어 주셨다고 합니다.
그는 자기를 덧씌운 '고통'이라는 뜻을 지닌
자기 이름에 갇혀 살지 않았습니다.
지상의 것들에 붙잡히면 삶의 고통을 넘어설 수 없습니다.
그는 끈질긴 기도를 통해 고통 속에 놓인
자기 숙명을 극복했고,
마침내 자기 생의 고통 너머에 계신 하나님을
설복시켰습니다.

―――

새해를 맞이하는 마음이 혹한의 날씨 때문에 더 스산합니다. 그래도 만나는 이들마다 활짝 웃음 띤 얼굴로 복 받기를 기원합니다. 복 많이 받으시라는 덕담을 차곡차곡 쌓아놓으면 가을 들판의 노적가리보다 높이 쌓일 듯싶습니다.

그러나 깊은 생각 없이 내뱉는 복 받으라는 덕담보다 자기를 깊이 돌아보는 시간을 가져야 할 때가 아닐까요. 이맘때면 동안거에 드는 저 불가 쪽 수행자들처럼! 적어도 우리가 깨어서 살기를 원한다면 우리 존재의 뿌리로 돌아감을 소중히 여겨야 합니다. 복 받는 것에 대한 관심보다 복의 근원에 대해 깊이 묵상해야 할 때라는 말입니다.

> 주를 경외하는 사람에게 주시려고 주께서 마련해 두신 복이 어찌 그리도 큰지요? 주께서는 주께로 피하는 사람들에게 복을 베푸셨습니다. 사람들이 보는 앞에서 복을 베풀어 주셨습니다(시편 32:19).

이처럼 하나님은 복의 근원이 되십니다. 하지만 우리 자신이 하나님이 주신 복을 누릴 그릇이 되지 못하면 복의 근원이신 하나님도 어쩔 수가 없습니다. 그러므로 우리는 타성에 젖어 앞을 향해서만 내딛던 걸음을 멈추고 물러서서 나를 돌아보는 시간을 가져야 합니다. 과연 내가 하나님의 축복을 누릴 만한 그릇인지, 돌아보자는 말입니다.

우리 주님도 때때로 번잡한 일상을 훌훌 털고 혼자 산으로 들어가 은거하시곤 했습니다. 당신 자신을 돌아보시기 위해서였겠지요. 꼭 수도자가 아니더라도 신앙인은 누구나 스스로 물러서서 하나님과 대면하는 일이 필요합니다. 그것이 곧 진정한 기도자의 자세가 아닐까요.

우리 시대의 저울추

하나님께 복 받기를 기원하여 뜻을 이룬 인물 가운데 '야베스'란 사람을 우리는 기억합니다. 성서 속에 기록된 야베스의 삶은 묘비명처럼 겨우 두 구절로 요약되어 있을 뿐입니다. 그렇게라도 야베스의 생이 주목을 받은 것은 그가 기도의 사람이었기 때문인 듯싶습니다.

야베스는 역대기상 4장 9-10절에 등장하는데, 유다의 후손으로 소개되어 있습니다. 아무리 눈을 씻고 보아도 그에 대한 정보는 더 찾을 수가 없습니다. 야베스의 탄생은 평범하지 않았던 모양입니다. 모태를 빠져 나오면서 자기 어미에게 얼마나 큰 산고産苦를 안겨주었던지, 그 어미는 제 자식의 이름을 야베스(Jabez)라고 지었습니다. '고생하며 낳았다' 는 뜻.

야베스! 얼마나 산통이 극심했으면 귀여운 아들의 이름을 그렇게 지었을까요. 이처럼 고통의 숙명을 타고난 야베스였지만, 그는 자기 가문에서 '세력 있는 사람' 이었다고 소개되어 있습니다. 또 다른 번역에는 '그 형제보다 존귀한 자' 라고 소개되어 있고요.

야베스는 어떻게 주위 사람들에게 그런 존경을 받았을까요. 다음 절에 이어지는 내용으로 보아 그가 기도의 사람이었기 때문일 걸로 추측됩니다. 기도하는 사람이 존경 받는 시대를 살았던 야베스는 진정 행복한 사람입니다.

오늘 우리가 사는 이 천민자본주의 시대는 어떤가요. 기도하는 사람이 존경을 받던가요. 기도하는 사람보다 오히려 돈 많은 사람이 드높임을 받지 않던가요. 교회나 성당에서도 마찬가지입니다. 부富의 신이 흠숭되고, 돈의 많고 적음이 사람을 평가하는 척도가 되고 있습니다. 그러니까 우리 시대의 저울추는 눈에 보이지 않는 영적 세계와 교감하는 것보다는 눈에 보이는 물질적 가치 쪽으로 기울어져 있습니다. 저울이 잘못되었다고 말할 수는 없겠지요. 저울에 얹힌 우리의 가치관이 천박해진 것이겠지요.

마르쿠제란 철학자는 우리 시대를 '풍요로운 감옥'이라고 불렀는데, 종교인이라는 명찰을 가슴에 착용한 이들도 자기들이 물욕의 수인囚人이 되어 있는 줄 모르는 것 같아 안타깝기 그지없습니다.

후세가 본받아야 할 기도의 모범

지극한 마음으로 자기 내면을 돌아보며 기도의 삶을 살았던 야베스가 돋보이는 이유입니다. 야베스가 살았던 시기는 결코 안온하고 편안하지 않았던 것 같습니다. 역대기서가 기록된 배경을 보면, 야베스를 비롯한 유대인들은 바빌로니아 포로생활에서 막 귀환한 이들이었습니다. 온갖 신산고초를 겪고 어렵사리 고국 땅으로 돌아온 그들은 척박한 땅을 개간하고 결코 따스한 얼굴로 대해주지 않는 이웃들과 어울려 살아야 했습니다.

하루하루의 생존은 힘겹고, 미래는 불안했을 것입니다. 하나님을 향한 믿음이 아무리 돈독해도 이런 척박한 현실에 부딪치면 신심을 오롯이 지켜 나가기란 쉽지 않은 법. 야베스는 이런 힘겨운 처지에서도 조상들이 섬기던 하나님에 대한 신앙의 정절을 고이 간직하고 있었던 것일까요. 역대기서 기자는 야베스를 후세가 본받아야 할 기도의 한 모범사례로 기록해 두었습니다.

어느 날 야베스는 하나님 앞에 엎드려 두 가지를 청원하고 있습니다.

> 부디 저에게 복을 내리시어 제 영토를 넓혀주시고, 손수 액운을 막아 어려운 일 당하지 않도록 도와주십시오(역대기상 4:10).

야베스가 드린 기도의 내용을 들여다보면 평범한 우리가 올리는 기도와 별반 달라 보이지 않습니다. 오로지 복 받기를 구하는 타성에 젖은 우리 기도와 달라 보이지 않는다는 말입니다. '복을 내리사 제 영토를 넓혀주십시오!'

야베스는 부동산 투기꾼들처럼 더 많은 땅을 소유하고 싶어서 이런 기도를 드린 것일까요. 이미 소유한 땅에 자족하지 않고 더 넓은 땅을 차지하고 싶어서? 더 넓은 땅으로 더 많은 이

익을 남기고 싶어서? 그런데 하나님이 탐욕에 가득 찬 이런 기도를 들어주셨다는 것일까요?

한국의 강단에서 기도를 통해 세속적 성공을 거둔 인물을 소개할 때 흔히 거론되는 인물이 야베스인 것은 참 아이러니한 일입니다. 기독교 서점가에서 베스트셀러가 된 야베스에 관한 책의 내용도 다르지 않습니다. 만일 야베스가 그런 인물이었다면 역대서 기자가 기도의 모범사례로 꼽아 소개했을까요. 성서 기자의 잉크가 그런 천박한 사람을 소개하는 데 낭비되었을까요.

하나님께서 이스라엘 백성에게 희년을 선포하면서 간곡히 당부한 말씀입니다.

땅을 아주 팔지는 못한다. 땅은 나의 것이다. 너희는 다만 나그네이며, 나에게 와서 사는 임시 거주자일 뿐이다(레위기 25:23).

땅을 소유의 개념으로 이해하는 오늘 우리에게는 이런 말씀이 사뭇 낯설기 짝이 없습니다. 낯설다 못해 어느 별나라의 이야기처럼 생각됩니다. 하지만 당시 유대인의 생활 관습으로 땅은 사고팔 수 있는 것이 아니었습니다. 오늘날처럼 어느 한 개인이 개별적인 등기를 내어 소유권을 주장할 수 있는 것이 아니었습니다.

땅은 하나님의 것이요, 인간은 그 땅에 몸 붙여 사는 나그네에 불과했습니다. 미국의 어느 인디언 추장의 말처럼 땅이 인간에게 속한 것이 아니라 인간이 땅에 속해 있을 뿐이었습니다.

하나님께 신실한 야베스가 이것을 몰라서 그런 청을 하나님께 올린 것일까요. 아닙니다. 야베스는 그 자신이 하나님이 영원한 주인인 땅에 몸 붙여 사는 나그네임을 분명히 자각하고 있었을 것입니다. 지상의 어느 언덕에 자기 몸을 비비며 살다가 언젠가 떠나야 할 존재임을 또렷이 인식하고 있었을 것입니다.

다만 포로생활에서 돌아온 그는 새 삶을 꾸려가기 위해 땅이 필요했습니다. 생명의 숨결을 지닌 것들이 생명을 유지하기 위해서는, 땅은 필수적입니다. 아기에게 어머니의 젖이 필요한 것처럼 땅이 토해내는 식물 없이 생명을 지닌 것들이 생명을 영위할 수는 없으니까요. 그래서 야베스는 그런 기도를 올린 것입니다. 하나님, 저에게 몸 붙여 살 땅을 넓혀 주옵소서. 제 몸 붙여 살 땅만 주시면 더는 바람이 없습니다.

숙명을 극복하기 위해 끊임없이 하나님 앞에 엎드린 사람

그가 드린 또 하나의 청원은 이렇습니다.

하나님, 손수 액운을 막아 어려운 일 당하지 않도록 도와주십시오(역대기상 4:10).

야베스는 열정적인 기도의 사람입니다. 결코 숙명에 굴복하는 사람이 아닙니다. 물론 우리가 세상을 살면서 우리 힘이나 의지로 바꿀 수 없는 것이 있습니다. 우리 힘이나 의지로 바꿀 수 없는 것은 받아들이는 것이 지혜로운 처사입니다. 하지만 우리가 바꿀 수 있는 것은 바꿀 수 있도록 최선의 노력을 기울여야 합니다. 그 최선의 노력 속에는 하나님의 도우심을 비는 기도도 포함됩니다.

야베스에게는 이런 자각이 뚜렷했던 것처럼 보입니다. 그는 자기에게 덧씌워진 숙명을 극복하기 위해 끊임없이 하나님 앞에 엎드렸습니다. 액운을 막아달라고! 액운이 무엇입니까. 모질고 사나운 고난이나 곤란함 따위를 당할 운명을 말함이 아닙니까.

이처럼 '액운'을 막는 일, 그것은 유한한 인간의 힘으로 할 수 없는 일입니다. 느닷없이 몰아닥치는 불행을 막는 건 우리가 할 수 있는 일이 아닙니다.

> 하나님은 나의 주님이시니,
> 주의 자비하심을
> 나에게서 거두지 말아 주십시오.
> 주님은 한결같은 사랑과 미쁘심으로,
> 언제나 나를 지켜주십시오…
> 이루 헤아릴 수 없이 많은 재앙이
> 나를 에워쌌고,
> 나의 죄가 나를 덮쳤습니다.
> 눈앞이 캄캄합니다…
> 주님, 나를 건져 주십시오.
> 주님, 빨리 나를 도와주십시오.
> 수모를 당하지 않게 해주십시오(시편 40:11-13).

이것은 다윗이 수많은 재앙과 자기 목숨을 앗아가려는 자들에게서 지켜달라고 하나님께 올린 기도입니다.

야베스 역시 자기에게 닥쳐오는 온갖 생의 위협 앞에서 포기하지 않고 끈질기게 기도했습니다. 이제 바벨론 포로생활에서 돌아온 그는 동족들과 함께 새 삶을 일구어야 했습니다. 황폐한 땅을 옥토로 가꾸고, 그 옥토 위에 입에 풀칠할 곡식을 심어야 했습니다. 절박한 생존의 위기만큼이나 그의 기도도 간곡했을 것입니다.

야베스의 간곡한 기도를 듣고 하나님은 다 이루어 주셨다고 합니다. 그는 숙명처럼 자기를 덧씌운 '고통'이라는 뜻을 지닌 자기 이름에 붙잡히지 않았습니다. 자기 이름에 갇혀 인생을 낭비하지 않았습니다. 그는 노예로 살던 바벨로니아 포로생활의 오랜 타성에도 굴복하지 않았습니다. 타성을 벗어나기가 얼마나 어렵습니까.

지상의 것들에 붙잡히면 삶의 고통을 넘어설 수 없습니다. 야베스는 끈질긴 기도를 통해 고통 속에 놓인 자기 숙명을 극복했고, 마침내 자기 생의 고통 너머에 계신 하나님을 설복시켰습니다.

어떻습니까. 과연 그의 기도는 힘이 세지 않습니까!

13
잠든 영혼을
깨우는 자명종

아굴의 기도

영적인 부요와 복을 지니고 있으면서도
남에게 나누어주지 않는 사람이 영적이었던 적은
결코 없습니다.
모름지기 사람은 영적인 부요와 복을
자기를 위해서만 간직해서는 안 됩니다.
사람은 자기 몸과 영혼 안에 지닌 모든 것을 서로 나누고,
남이 자기에게 바라는 것이면 무엇이든지 내주어야 합니다.

깊은 산촌에 들어와 살면서 '걷는 기도'에 맛들였습니다. 하늘과 산과 나무, 새들이 우짖는 소리를 들으며 산길을 걷다 보면 절로 기도하고 싶은 마음에 사로잡히곤 합니다. 천천히, 아주 천천히 걸으면서 마음을 모으다 보면 주위의 풍경이 안겨 주는 환희와 은총을 맛볼 수 있습니다. 다비드 르 브르통은 《걷기 예찬》이란 책에서 말합니다.

> 길을 걷는 것은 장소의 정령에게, 자신의 주위에 펼쳐진 세계의 무한함에 바치는 끝없는 기도의 한 형식이다.

성서에도 '걷는 기도'를 했음직한 기도의 선구자가 나옵니다. 성서에서 최초로 하나님의 뜻에 합치한 사람, 의인으로 일컬어지는 에녹. 그는 무려 삼백 년 동안 '하나님과 함께 걸은 사람'으로 기록되어 있습니다. 지칠 줄 모르고 하나님을 향해, 하나님과 함께 걸었다는 것은 그의 신심이 남달랐다는 것을 보여 줍니다.

13 잠든 영혼을 깨우는 자명종
_아굴의 기도

'이제 우리 말을 트자!'

오늘 아침 산책에 나서기 전 저는 잠시 에녹을 생각했습니다. 창을 열고 내다보니 아침부터 눈이 소리 없이 내리고 있었습니다. 봄눈치고는 눈발이 퍽 굵었습니다. 저는 설레는 마음을 참지 못하고 들길을 걸어 소나무들이 우거진 숲을 향해 걸었습니다. 소나무 가지 위에는 아직 눈이 많이 쌓이지 않았습니다. 숲길에는 눈이 제법 쌓여 밟을 때마다 뽀드득뽀드득 정겨운 소리가 났습니다.

눈길을 걷다가 문득 돌아보니, 제 발자국이 무척 커 보입니다. 무뢰한의 발자국 같습니다. 숫눈 위에 찍힌 무뢰한의 발자국이라니! 조금 더 걷다 보니 숫눈 위에 꽃잎 같은 발자국도 찍혀 있습니다. 새 발자국입니다. 저 새 발자국이 무뢰한의 발자국을 비웃는 것 같습니다. 하지만 펑펑 내리는 눈은 무뢰한이 밟으며 낸 족적마저 감쪽같이 덮어줍니다.

문득 지난밤에 읽은 한 시인의 시구가 떠오릅니다.

눈 오는 날엔
말을 트자…
눈이 녹으면 다시

서로는 말을 높이자.
- 장석남, 〈하문(下間)〉 부분

시인 역시 눈 내리는 숲길을 걸으며 모든 것이 용납되는 무량한 하늘의 은총을 경험한 것일까요. 아니면, 자기 안에 갇혔던 옹색한 가슴이 열리는 경험을 한 것일까요. '눈 오는 날엔 / 말을 트자……' 고 하니 말입니다. 대개 윗사람이 아랫사람에게 서먹하고 벽이 느껴지는 관계를 허물어 더 친근해지고 싶을 때 '말을 트자'고 합니다. 물론 그 반대의 경우도 전혀 없지 않습니다. 하여간 말을 트는 일, 그것은 새로운 관계의 열림입니다.

시의 넓은 의미망을 염두에 두고 좀더 얘기하자면, 기도는 하나님과 우리 사이에 '말을 트는' 일이 아닐까요. 멀게만 느껴지는 하나님이 우리에게 '이제 우리 말을 트자!' 고 하시는 너그러운 제안에 '네, 그러지요!' 하고 응답하는 것. 그것이 곧 기도가 아닐까 생각해 보았습니다. 송이송이 내리는 봄눈을 맞으며 저는 이런 묵상에 잠겨 들었습니다.

오늘 저는 하나님과 말을 터놓고 했던 성서의 인물 한 사람을 소개하려 합니다.

유대인들에게 지혜의 사람으로 알려진 아굴(Agur)이란 사람입니다. 그는 높은 곳에서 낮은 곳으로 하늘하늘 내리는 눈송이처럼 겸손한 사람입니다. 그는 자신을 가리켜 우둔한 짐승이며, 사람의 총명이 모자라고, 지혜를 배우지도 못하였고, 지극히 거룩하신 분을 아는 지식도 깨우치지 못하였다고 합니다(잠언 30:2-3).

하지만 그는 하나님의 말씀은 순결하며, 하나님은 자기를 의지하는 사람의 방패가 되신다고 고백할 정도로 신심이 두터운 사람입니다. 겸손이 가장 높으신 분을 아는 지혜와 통찰을 열어준 것일까요. 깊이 파면 높은 곳을 아는 지혜가 열리게 되는 것일까요.

아굴이 입을 열어 하나님에게 건네는 간청은 두 가지입니다. 그의 간청을 들으면 그가 하나님과 말을 터놓고 하는 사이임을 금방 눈치 챌 수 있습니다.

허황된 거짓말을 멀리하게 하소서

첫 번째 간청은 허황된 거짓말을 멀리하게 해 달라는 것입니다(8절).

아굴은 왜 이런 기도를 드린 것일까요. 모름지기 언어의 본질은 소통에 있습니다. 사람과 사람 사이의 소통이든 사람과 하

나님 사이의 소통이든, 우리가 언어를 사용하는 것은 서로 친밀하게 소통하기 위함입니다.

그러나 거짓말은 사람과 사람 사이의 아름다운 관계를 훼방합니다. 우리가 발설한 거짓말이 들통나면 사람과 사람 사이의 관계는 단절되고 맙니다. 개인과 공동체를 떠받치는 신뢰도 무너지고 맙니다. 우리의 언어를 통해 소통이 이루어지지 않으면

13 잠든 영혼을 깨우는 자명종
__아굴의 기도

그곳이 가정이든 학교든 교회든 그 공동체는 계속 존립하기 어렵습니다. 이미 성서에 나와 있지 않던가요.

에덴에서 최초의 가정을 이룬 주인공은 아담과 하와입니다. 하지만 하나님이 금한 선악과를 따먹은 아담과 하와. 그들은 서로 책임을 전가하고 책임을 회피하기에 급급합니다. 얼마 전 자기 앞에 나타난 하와를 보고 아담이 "이제야 나타났구나, 이 사람! 뼈도 나의 뼈, 살도 나의 살"(창세기 2:23)이라며 사랑의 말을 속삭이던 그들의 언어는 변질되고 맙니다. 이렇게 되면 언어는 사람과 사람 사이를 가로막는 벽이 되고 말지요.

아굴도 이런 점을 알고 있었던 것일까요.

> 하나님의 말씀은 모두 순결하며… 그 말씀에 아무것도 더하지 말아라. 그렇지 않으면 그분이 너를 책망하시고, 너는 거짓말을 하는 사람이 될 것이다(잠언 30:5-6).

인간이 순결한 하나님의 말씀에 무언가를 보태는 것은 인간의 탐욕에서 비롯되는 경우가 많습니다. 탐욕은 결국 인간을 허위와 거짓에 물들게 하며, 그렇게 되면 인간은 영적으로 병들어 하나님과의 관계도 단절되고 맙니다. 인도의 성자인 마하트마 간디도 말했습니다.

진실은 신이고, 신은 곧 진실이다. 불이 불순물을 태우고 금을 정제하는 것처럼 진실의 불꽃은 인간을 정화시키고 그 안에 있는 불순물을 없애준다.

그렇게 진실의 불꽃으로 정화된 사람이라야 하나님과 결합할 수 있다는 것입니다. 예수께서 마음이 청결한 자가 하나님을 볼 것이라고 말한 뜻도 바로 여기에 있습니다.

그러므로 그런 실천이 힘겹더라도 거짓을 멀리하고 진실을 지켜나가는 것이 영적 자유를 향해 가는 지름길입니다. 아굴이 '허황된 거짓말을 멀리하게 해 달라'는 간청을 올린 것은 말의 순수성을 회복하겠다는 의지의 강한 표현이 아니었을까요. 자기를 스스로 속이는 일인 아첨과 거짓말을 멀리 할 때 비로소 우리 삶은 맑아질 것이고, 그런 맑음이 곧 하나님을 우리 중심에 모실 수 있는 바탕이 됩니다. 예수께서도 '마음이 깨끗한 자에게 복이 있나니, 저희가 하나님을 볼 것'이라고 하시지 않았던가요.

가난하게도 부유하게도 하지 마소서

아굴은 두 번째로 간청합니다.

저를 가난하게도 부유하게도 하지 마시고, 오직 저에게 필요한 양식만을 주십시오(8절).

이렇게 구하는 이유에 대해 아굴은 덧붙입니다. 너무 배가 불러서, 주님을 부인하면서 '주가 누구냐?'고 말하지 않게 하시고, 또한 너무 가난해서, 도둑질을 하거나 하나님의 이름을 욕되게 하지 않도록 해 달라는 것. 이런 간청을 드린 아굴은 참 정직하고 건강한 정신의 소유자입니다. 그는 결코 자기를 과대평가하지 않습니다. 오히려 자신의 내적 빈곤을 솔직하게 드러냅니다. 그러니까 그는 자기를 지킬 내적인 능력이 없음을 스스로 인정하고 있는 것입니다.

아굴의 기도는 바로 우리의 기도가 되어야 하지 않을까요. 우리는 과거 어느 때보다 풍요로움의 유혹에서 자유롭지 않은 시절을 살고 있습니다. 지나친 풍요로움은 우리를 하나님으로부터 멀어지게 만듭니다.

일찍이 소설가 이승우는 《연금술사의 춤》이라는 작품을 통해 하나님보다 황금의 노예가 된 교회의 타락을 신랄하게 풍자한 바 있습니다. 소설에서 이야기의 화자는 황금빛 십자가를 보며 "'십자가'가 지향하는 초월성과 '황금'이 가리키는 속물성 간의 저렇듯 무리 없는 접합, 그 부조화한 간통"이 이 시대의 초상이라고 말합니다. 이처럼 오늘의 교회가 드러내는 '부조화한 간통'은 결국 예수의 가르침에 반하는 것입니다.

예수께서는 사람이 하나님과 재물을 겸하여 섬길 수 없다고 가르치셨습니다. 그런데 이런 예수의 가르침이 그를 따른다는 이들에 의해 무시되고 있는 것 같아 참 씁쓸해질 때가 많습니다. 교회의 외형적 크기와 교인의 숫자가 곧 목회의 성공인 양 여기는 풍조. 이런 풍조는 사실상 예수의 가르침과는 전혀 무관한 것이며, 그것은 사실상 자본주의의 천박한 논리를 추종하는 태도에 다름 아니지요.

신앙의 선각들은 풍요의 신화에 도취한 우리의 잠든 영혼을 깨웁니다. 이를테면 시인 윤동주는 교회의 "첨탑이 저렇게 높은데 어떻게 올라갈 수 있을까요"(시 〈십자가〉의 부분)라며 탄식했지요. 첨탑이 높은 교회는 예나 이제나 낮고 천한 사람들 속에 오신 예수의 뜻을 받들기 어렵습니다. 선각들의 이런 시구는 우리의 잠든 영혼을 깨우는 자명종입니다. 아픈 울림입니다.

우리가 이런 아픈 울림에 공명할 영적 감수성을 지니고 있지 못하다면 교회의 미래는 무망합니다. 인간의 욕망은 끝이 없습니다. 하나님을 모시면서 동시에 황금도 모시고 싶어합니다. 인간의 이런 탐욕과 타협하는 교회들이 점점 늘어납니다. 그러나 황금을 향해서 깨어 있으면서 동시에 하나님을 향해 깨어 있을 수는 없는 법.

이런 점에서 너무 부요하게도 말아 달라는 아굴의 기도는 오늘 우리의 기도가 되어야 합니다. 하지만 하나님에게 속한 영적인 사람이라면 우리의 기도는 여기에 머무르지 말고 한 걸음 더 나가야 합니다. 우리가 가진 소유를, 그것이 적든 많든, 이웃과 더불어 나눌 수 있는 자비로운 마음을 갖게 해달라고!

영적인 부요와 복을 지니고 있으면서도 남에게 나누어주지 않는 사람이 영적이었던 적은 결코 없기 때문입니다. 모름지기 사람은 영적인 부요와 복을 자기를 위해서만 간직해서는 안 됩니다. 어떤 수도자의 말처럼 사람은 자기 몸과 영혼 안에 지닌 모든 것을 서로 나누고, 남이 자기에게 바라는 것이면 무엇이든지 내주어야 합니다.

이것이 진정 거룩하신 분을 아는 지식을 깨우친 이, 곧 기도자의 복이며 부요일 것입니다.

14

하나님과
간곡한 독대

예수의 기도 (1)

―――

한적한 공간으로의 내밀한 스며듦, 그것은 곧 그분이
하나님과 더불어 있는 내적 자유를
소중히 여기셨다는 것을 의미합니다.
자기만의 골방을 마련하지 못하는 사람,
고독의 자장(磁場) 속으로 들어가지 못하는 사람은
'숨어 계신 하나님'을 만날 수 없습니다.
숨어계신 하나님은 고독을 사랑하는 자를 사랑하십니다.

―――

우리가 화가나 시인, 예술가가 아니더라도, 예수에 대한 여러 이미지를 상상해 볼 수 있습니다. 산이나 바닷가에서 수많은 군중에 둘러싸여 있는 예수, 하나님 나라의 도를 전하기 위해 여러 제자들과 함께 길을 걸어가는 예수, 병든 이들의 몸과 마음을 어루만지시며 치유하는 예수 등…. 그러나 이런 활동적인 이미지들이 그의 삶의 여정의 전부는 아닙니다. 예수는 자신이 움직일 때와 멈출 때를 잘 알고 있었던 것처럼 보입니다. 몸의 건강을 위해 근육의 긴장과 이완이 필요하듯, 예수의 영혼의 궤적은 긴장과 이완이 적절히 조화를 이루고 있었습니다.

한적한 공간으로의 내밀한 스며듦

예컨대 고독은 외적인 일에 분주하여 자기 영혼을 돌보지 못하는 사람에게 꼭 필요한 요소입니다. 바깥 활동에 쫓기며 잔뜩 긴장한 영혼의 감각기능을 풀어주어야 하니까 말입니다.

우리 영혼의 감각이 제대로 기능할 때 하나님과의 친밀한 사귐은 시작됩니다. 우리가 때때로 번잡한 삶에서 살그머니 빠져나와야 하는 까닭은 바로 그 때문입니다. 예수는 당신 자신의 영적 여정을 통해 이런 점을 충분히 인지하고 있었던 것처럼 보입니다.

> 너는 기도할 때에, 골방에 들어가 문을 닫고서, 은밀하게 계시는 네 아버지께 기도하여라. 그러면 숨은 일도 보시는 네 아버지께서 갚아 주실 것이다(마태복음 6:6).

예수께서는 말씀으로만 아니라 몸소 이런 기도의 모범을 보이셨습니다. 어느 날 예수는 갈릴리 바다, 곧 디베랴 호수 건너편으로 가신 적이 있었습니다. 굶주린 많은 무리가 구름떼처럼 그분을 따랐습니다. 그들은 이미 병자들이 살아나는 치유의 표징도 보았던 자들입니다. 예수께서는 굶주린 무리들을 측은히 여기시고 보리빵 다섯 개와 물고기 두 마리로 수천 명을 먹이시는 놀라운 기적을 행하셨습니다. 이 기적을 본 군중들이 삼삼오오 모여서 웅성거리기 시작했습니다.

이분은 참으로 세상에 오시기로 된 그 예언자다(요한복음 6:14).

그들은 곧 예수를 자기들의 임금으로 삼으려 웅성거리며 에워쌌습니다. 예수를 임금으로 삼으면 식민지 백성으로 당하는 억압과 고통, 굶주림에서 벗어날 것 같았기 때문일까요. 예수는 곧 그들의 속마음을 헤아리시고 흥분과 엉뚱한 기대에 사로잡힌 무리에서 조용히 빠져나왔습니다. 그리고 혼자 산으로 숨어드셨습니다.

그분이 산으로 숨으신 것이 단지 자기를 추종하는 무리의 기대가 힘겹고 귀찮아서였을까요. 아닙니다. 그분은 혼자 계시고 싶었기 때문입니다. 혼자 계시면서 오롯이 하나님을 독대하시고 싶었기 때문입니다. 혼자 계시면서 자기 안에 살아계신 하나님의 현존을 마주하고 싶었기 때문입니다.

독대! 그렇습니다. 기도는 자기 자신과의 독대이며, 또한 하나님과의 간곡한 독대가 아닙니까. 하나님을 자기중심에 모신 자에게 자기 자신과의 독대는 곧 하나님과의 독대입니다. 마태가 두루마리로 남긴 기록을 보면, 따로 기도하시려고 산에 오르신 예수는 "저녁때가 되었는데도 혼자 거기에 계셨다"(마태복음 14:23)고 합니다.

한적한 공간으로의 내밀한 스며듦, 그것은 곧 예수께서 하나님과 더불어 있는 내적 자유를 소중히 여기셨다는 것을 의미합니다. 그러니까 예수는 자신의 모든 것이 하나님께로부터 왔고, 자신이 하는 모든 일이 실은 자신의 일이 아니라 자신을 보내신 분의 일이라는 것을 그 한적한 독대 속에서 더욱 깊이 인식하셨을 것입니다.

자기만의 골방을 마련하지 못하는 사람, 고독의 자장磁場 속으로 들어가지 못하는 사람은 '숨어 계신 하나님'을 만날 수 없습니다. 숨어계신 하나님은 고독을 사랑하는 자를 사랑하십니다. 중세의 한 신비가도 말합니다.

> 하나님은 자신의 신부인 영혼을 온갖 존엄하고 고귀한 피조물에게서 떼어내어 외딴 빈들인 자신에게로 데려가십니다. 거기에서 그분은 몸소 영혼의 가슴에다 말씀하십니다. 이것은 그분께서 은총을 베풀어서 영혼을 자신과 동등하게 하신다는 뜻입니다.

하나님께서는 왜 자신의 신부인 영혼을 외딴 빈들로 데려갈까요? 하나님도 피조물의 고요와 안식을 즐기시기 때문입니다. 즉 피조물된 우리 영혼의 중심축이 고요와 안식에 굳건히 터 잡

고 있을 때 숨어 계신 하나님이 자기를 드러내시는 것입니다.

혼자 있다는 사실을 견디지 못해 물 위의 부초처럼 떠돌아다니는 마음, 소유욕을 향해 끊임없이 요동치는 마음에는 숨어 계신 하나님이 머무르실 수 없습니다. 하나님이 주실 선물이 아무리 많아도, 고독 속에 침잠해 있지 못한다면, 우리는 그분의 선물을 받아 누릴 수 없습니다. 인간의 고독은 하나님께서 머무실 거룩한 처소입니다.

14 하나님과 간곡한 독대
__예수의 기도 (1)

고독의 성소, 하나님의 현존

그러므로 고독은 불행도, 불우도 아닙니다. 고독은 축복입니다. 고독의 성소에서 우리는 비로소 하나님의 현존을 알아채고, 내가 그분의 사랑 받는 존재라는 사실을 깨닫게 됩니다. 일생을 하나님과의 사귐 속에 살았던 한 수도자는 이렇게 말합니다.

> 가장 혼자일 때 우리는 하나님께 사랑받는다. 고독이란 그 사실을 점차 깨달아가는 일이다.

따라서 영적으로 성숙한 사람은 자기를 찾는 전화벨이 울리지 않아도 두렵지 않고, 외롭다고 다른 사람들에게 빌붙거나 손 내밀지 않습니다. 오히려 그는 외로움을 고독으로 승화하여, 혼자라는 사실을 하나님의 선물로 받아들여 감사할 수 있습니다. 폴 틸리히라는 신학자가 고독을 '홀로 있음의 영광'이라고 표현한 이유가 바로 거기에 있습니다.

이것이 곧 예수께서 자주 자기를 따르는 무리를 벗어나 한적한 산이나 들로 나아가신 까닭입니다. 큰 풍랑이 일어 배가 뒤집힐 듯한 위기 속에서도 배 고물에 들어 편안한 휴식을 취하셨던 예수. 그분에게 이런 휴식의 마음자리가 가능했던 것은 고독을 벗 삼는 영적 수련이 있었기 때문이 아닐까요. 휴休, 사람이 나무의 고독 속에 깃들여 쉼을 누리면, 하나님도 쉼을 누리는 인간 속에 깃드십니다.

오늘 우리는 스마트폰이나 인터넷 없이 혼자 있는 순간을 상상하기 어렵습니다. 우리는 하루에 십 분도 혼자 있기를 견뎌내지 못하고 그런 첨단기기들 속으로 빠져듭니다. 지그문트 바우어라는 철학자는 《고독을 잃어버린 시간》에서 유동하는 근대 세계에 사는 이들에게 경고합니다.

> 결국 외로움으로부터 멀리 도망쳐나가는 바로 그 길 위에서 당신은 고독을 누릴 수 있는 기회를 놓쳐버린다. 놓친 그 고독은 바로 사람들로 하여금 '생각을 집중하게 해서' 신중하게 하고 반성하게 하며 창조할 수 있게 하고, 더 나아가 최종적으로는 인간끼리의 의사소통에 의미와 기반을 마련할 수 있는 숭고한 조건이기도 하다. 그럼에도 당신이 그러한 고독의 맛을 음미해 본 적이 없다면 그때 당신은 당신이 무엇을 박탈당했고 무엇을 놓쳤으며 무엇을 잃었는 지조차도 알 수 없을 것이다.

그러므로 우리는 하루 삼십 분, 아니 십 분이라도 홀로 있는 시간을 마련할 수 있어야 합니다. 하나님과 함께 있을 짬을 내어 고독 속에서 그분의 내밀한 음성을 듣지 않는다면, 우리는 영적인 삶의 깊이를 획득할 수 없습니다. 우리는 하루 일정표 속에 우리를 사랑하시는 분의 숨결을 마주할 수 있는 시간을 짜 넣어야 합니다. 이것은 결코 시간 낭비가 아닙니다. 오히려 우리의 삶을 풍성하게 하는 일입니다.

자기만의 골방을 사랑하라

그러나 우리는 이 고독의 문제에서 흔히 오해하는 것이 있습니다. 그것은 우리가 고독 속에 머무르는 것을, 치열한 이 경쟁사회에서 새로운 에너지를 얻기 위한 방편쯤으로 여기는 것입니다.

그런데 옛날 사막의 교부들이나 위대한 수도자들의 고독은 그런 것이 아니었습니다. 예수께서 홀로 산으로 은거해 마주했던 고독도 그런 것이 아니었습니다. 오히려 그들이 마주 했던 고독은 낡은 자아가 죽고 새 자아가 태어나는 거듭남의 장소였고, '새로운 존재'가 출현하는 모태였습니다.

오늘날 우리 믿음의 공동체에 부족한 것은 바로 이 고독입니다. 공동체 안에 고독이 살아 있을 때 그 공동체는 진정 주님을 모신 공동체가 됩니다. 철학자 프리드리히 니체는 말했습니다.

고독이 끝나는 곳에서 시장이 열린다.

날카로운 통찰입니다. 신앙 공동체가 고독 속에서 하나님과의 깊이 사귀는 것을 도외시하면, 그곳은 '배우들과 소음과 독파리떼'가 윙윙거리는 시장이 되고 맙니다. 예수께서도 기도하는 집인 성전을 저자거리로 만든 자들을 꾸짖지 않으셨던가요. 거룩한 처소를 잡상인들이 들끓는 '도적의 굴혈'로 만들었다고.

성/속을 막론하고 장사꾼의 품성을 가진 자들이 득세하는 시절. 우리 시대의 교회가 제 본분을 잃어버리고 세인의 지탄거리가 되는 것은 고독을 멀리하기 때문입니다. 고요한 곳을 찾아 혼자 기도하고 자기 마음을 깊이 들여다보는 공부를 게을리 할 때, 우리는 하나님과 점차 멀어질 수밖에 없습니다. 주님을 모신다고 하는 교회가 타락하는 것은 고독과의 친밀한 사귐을 멀리하기 때문입니다. 고독은 하나님의 보금자리요, 인간이 마음의 평안을 얻을 수 있는 유일한 성소입니다.

거듭 강조하지만 기도의 시작은 자기만의 골방을 사랑하는 것입니다. 골방에 머물며 하나님과 독대할 수 있을 때, 그런 사람들이 모인 공동체는 영적인 성숙을 기약할 수 있습니다. 그 누구의 인정도 사양한 채 고독 속에서 하나님의 현존을 자각하고 사는 사람이 진정한 그리스도인입니다.

예수께서는 이런 그리스도인이 모인 공동체를 당신의 몸된 교회로 여기실 것입니다. 진정 그리스도의 몸으로서의 교회의 존재 의미는 얼마나 많은 신자들이 모이느냐 하는 데 있는 것이 아니라, 고독 속에서 하나님과 독대하기를 기뻐하는 거룩한 기도의 손들이 얼마나 있느냐에 달려 있습니다.

십자가의 고통을 눈앞에 두고 겟세마네 동산에서 제자들과 더불어 힘써 기도하셨던 예수께서는 잠든 제자들을 향해 '깨어 있으라'고 당부하셨습니다. 그것은 당신 자신을 위한 것이 아니라 제자들을 위한 당부였습니다.

숨쉬기를 멈추지 않듯 하나님을 향한 호흡을 멈추지 말라는 것. 그때 우리는 기도로 힘을 얻어 세상의 폭풍도 뚫고 나갈 수 있다는 것. 이 기도의 놀라운 신비는 우리의 감각과 지식으로 아는 것보다 훨씬 큽니다.

이 큰 신비를 체험한 사람들은 하나님의 보금자리 안에 거하는 기쁨을 세상의 그 무엇과도 바꾸지 않을 것입니다.

15

'서로 안에 있음'을 자각하라

예수의 기도 (2)

실낙원 이후 인간을 지배한 것은 합일이 아니라
분리의 관습이었습니다.
이 오래된 분리의 관습이 깨지지 않는 한
인간은 진정한 행복을 누릴 수 없습니다.
그분은 모든 존재가 '서로 안에 있음'을
끊임없이 설파했습니다.
복음의 핵심은 결국 '서로 안에 있음'을 깨닫는 일입니다.

최근에 《월드 쇼크 2012》(그렉 브레이든 외 지음)라는 책을 읽었습니다. 우리 시대가 직면한 종말적 증후군을 제시하고 인간 의식의 새로운 각성을 촉구하는 내용이 담겨 있는 책입니다.

이 책의 한 저자에 따르면, 지구 인구의 단 2%가 세계 부의 50%를, 그리고 단 1%가 40%를 소유하고 있다고 합니다. 그러면서 열 명의 가족이 모인 저녁 식탁을 소개합니다. 금 접시에 수북이 담긴 육즙이 흐르는 고기, 신선한 채소, 전 세계에서 가져온 진귀한 해산물과 디저트들, 와인과 온갖 음료. 이 모든 것이 한 사람을 위한 메뉴입니다.

그런데 테이블 오른 쪽에는 슈퍼마켓에서 파는 냉동식품과 콜라만을 앞에 둔 사람들이 보입니다. 그나마도 그들은 나은 편. 나머지는 딱딱한 빵 조금에 도랑물을 마셨는데, 하물며 저 끝에 앉은 사람들에겐 먹을 것이라곤 아무 것도 없습니다. 먹여 살릴 식구는 점점 늘어나고 먹을 것은 점점 없어지는데 한쪽에서는 포식으로 희희낙락하고, 한쪽에서는 기아로 고통스러워하고 있습니다.

15 '서로 안에 있음'을 자각하라
___예수의 기도(2)

'처음부터 서로 안에 있으므로'

이런 저녁 식탁의 모습은 분명 정신 나간 상황이 아니겠습니까. 그러나 이러한 모습은 지구촌 식탁의 부정할 수 없는 현실입니다. 이런 현실을 타개하려면 "문제를 야기시켰던 동일한 의식 상태로는 어떤 문제도 해결할 수 없습니다"(아인슈타인).

다시 말하면, '나와 너'를 따로 떼어 생각하는 분리의식으로는 우리가 당면한 어떤 문제도 해결할 수 없다는 것입니다. 하지만 대부분의 사람들의 의식을 지배하는 건 이런 분리의식입니다. '나'라는 주체가 따로 있다고 생각하기 때문에 나와 이웃, 나와 자연, 나와 하나님 사이의 분리를 당연시합니다. 그러니까 "많은 사람들은 자신의 근원인 신성으로부터 분리된 것처럼 생각하고 행동합니다."

오늘날 지구촌이 직면한 위기의 뿌리는 바로 여기에 있습니다. 사실 내 존재가 타자로부터 '분리되어 있다'는 생각은 망상에 불과합니다. 생각해 볼까요. '나'라는 존재가 '나 아닌 것들' 없이 존재할 수 있을까요. 어느 수도자의 말처럼 '꽃'이 '꽃 아닌 것들' 없이 꽃일 수 있을까요. 꽃 아닌 것들, 즉 햇빛, 흙, 물, 거름, 바람, 공기, 곤충, 새 등이 없으면 꽃은 꽃일 수 없습니다.

인간도 마찬가지입니다. 우리 역시 나 아닌 것들 때문에 내가 겨우 존재하는 것이 아닌가요. 그러나 우리는 마치 우주 안의 다른 존재 없이도 생존할 수 있는 양 분리의 망상 속에 살고 있습니다. 분리의 망상은 인간의 삶을 파괴하고 지구공동체를 파괴합니다.

> 첫 사랑 이야기를 듣는 순간,
> 나는 당신을 찾기 시작했습니다. 그것이
> 얼마나 눈먼 짓인지도 모르면서.
>
> 연인들은 끝내 어디에서도 만나지 않습니다.
> 그들은 처음부터 서로 안에 있으므로.
> - 잘랄루딘 루미의 〈연인들〉에서

이 시구처럼 진정한 사랑에 눈뜬 연인들은 어디서도 만날 필요가 없습니다. '처음부터 서로 안에 있으므로' 우리가 만물을 나와 더불어 살아야 할 연인처럼 생각한다면 우리는 '서로 안에 있음'을 자각해야 합니다.

태초에 세상을 여신 분과 '서로 안에 있'다는 자각 속에 살았던 예수는 분리의식 속에 사는 사람들을 일깨우기 위해 이 땅에 오신 것이 아닐까요. 예수가 지구별에 머무는 동안 남긴 기

도문은 우리에게 그것을 일러줍니다. 이 기도문은 세상 떠날 때가 가까워 옴을 예감하고 남긴, 어쩌면 유언과도 같은 기도문입니다.

> 아버지, 아버지께서 내 안에 계시고, 내가 아버지 안에 있는 것과 같이, 그들도 하나가 되어서 우리 안에 있게 하여 주십시오. 그래서 아버지께서 나를 보내셨다는 것을, 세상이 믿게 하여 주십시오. 나는 아버지께서 내게 주신 영광을 그들에게 주었습니다. 그것은, 우리가 하나인 것과 같이, 그들도 하나가 되게 하려는 것입니다. 내가 그들 안에 있고 아버지께서 내 안에 계신 것은, 그들이 완전히 하나가 되게 하려는 것입니다. 이것은 또, 아버지께서 나를 보내셨다는 것과, 아버지께서 나를 사랑하신 것과 같이 그들도 사랑하셨다는 것을, 세상이 알게 하려는 것입니다(요한복음 17:21-23).

'사이 없는 사이'

이 기도문에서 예수가 하나님을 '아버지'라고 부른 것은 친근함의 표현입니다. 예수 이전에는 아무도 하나님을 아버지로 호칭하지 않았습니다. '아버지'라는 호칭은 예수와 하나님이 '사이 없는 사이'임을 적극적으로 드러낸 표현에 다름 아닙니다. 진정한 사랑의 관계는 합일, 곧 사이 없는 사이라는 말로 표현할 수 있습니다. 예수의 삶을 돌아보면, 이것은 단지 듣기 좋은 수사가 아니라 예수의 삶 그 자체입니다.

예수는 모든 존재의 원천이신 하나님과 자기 자신을 떼어서 생각할 수 없었습니다. 그러니까 예수는 자신이 하나님과 둘로 나뉘어져 있지 않다는 자각 속에 살았기에 굳이 하나님과의 합일을 추구할 필요가 없었습니다. '아버지께서 내 안에, 내가 아버지 안에' 있다는 말씀은, 분리의식 속에 살아가는 인간들로서는 이해하기 어려운 말씀이었을 것입니다. 그 말씀을 우리는 짧은 문장으로 이렇게 표현할 수 있습니다.

서로 안에 있음!

예수는 '서로 안에 있음', 즉 합일의 희열과 황홀을 당신을 따르는 이들과 함께 나누길 원했던 것입니다. 신성한 원본原本이신 하나님을 모르는 이들에게, 본래 모든 존재가 하나님과 하나라는 것을 알려주고 싶어 했습니다. 그것은 곧 모든 존재가 하나님의 사랑 안에 있음을 알게 하려는 것이었습니다.

이것은 분리의 망상 속에 살아가는 이들의 고정관념을 깨뜨리는 일입니다. 우리는 그것을 의식의 혁명이라 부를 수 있을 것입니다. 기도를 통해 보여주는 예수의 염원은 이처럼 의식의 혁명을 동반합니다. 이때 낡은 삶의 방식이 깨어지고 새로운 삶의 방식을 지닌 존재가 탄생할 수 있습니다.

예수는 짧은 공생애 기간 동안 그것을 자신의 온몸으로 실천했습니다. 그가 가서 머무는 곳마다 죄인과 죄인 아닌 사람의 경계가 무너지고, 유대인과 이방인, 남성과 여성의 차별이 사라졌습니다. 경천동지驚天動地할 일이었습니다.

왜 경천동지할 일일까요? 율법이라는 이름으로 인간을 괴롭히던 낡은 관습이 깨어지고 새로운 신의 관습이 싹트기 시작했으니까요. 신의 관습이란 '합일'의 자각 속에 사는 삶의 태도를 말합니다.

실낙원 이후 인간을 지배한 것은 합일이 아니라 분리의 관습이었습니다. 이 오래된 분리의 관습이 깨지지 않는 한 인간은 진정한 행복을 누릴 수 없습니다. 예수가 자기의 삶과 가르침을 '복음'이라 한 것은 그것이 인간을 분리의 관습 속에 머무르게 하지 않고 신의 관습, 즉 합일의식을 일깨운 것이었기 때문입니다.

모든 존재가 '서로 안에 있음'을 예수는 끊임없이 설파했습니다. 복음의 핵심은 결국 '서로 안에 있음'을 깨닫는 일입니다.

생각해 봅시다. 지금 내가 창 밖에 서 있는 나무 없이는 숨을 쉴 수 없으니 나와 나무는 '서로 안에 있음'이고, 내가 먹는 밥 없이 살 수 없으니 나와 밥은 '서로 안에 있음'입니다. 심지어 지구의 온난화로 만년빙이 녹아내린다는 저 북극이 미치는 영향과 뗄 수 없는 관계 속에 있으니 나와 북극조차 '서로 안에 있음'이 아니겠습니까. 그렇게 우주만물이 서로 안에 있다면, 그것을 우리가 또렷이 자각하고 산다면, 지상의 모든 차별, 미움, 증오, 학대, 다툼, 갈등은 저절로 사라지지 않겠습니까.

서로 안에 있음!

예수는 당신을 따르는 인생들이 바로 이것을 깨우치기를 간구했을 것입니다.

> 내가 이 사람들 안에 있고 아버지께서 내 안에 계신 것은 이 사람들을 완전히 하나가 되게 하려는 것입니다(요한복음).

예수의 간구는 오늘 우리의 간구가 되어야 합니다. 천민자본주의가 야기한 지독한 이기심에 물들어 '서로 안에 있음'을 망각하고 살아가는 시절이 아닙니까. 어떤 신학자는 이런 우리의 처지를 "자비를 유배 보냈다."(매튜 폭스)고 표현했습니다.

자비를 유배 보낸 뒤의 우리 삶의 꼴은 어떻습니까. 사막처럼 황량하기만 합니다. 돈, 편리, 속도의 악령이 인간의 영혼을 삼켜버렸습니다. 악령은 끊임없이 분리의식을 조장하길 좋아합니다. 우리는 이제 정신을 차리고 결단해야 합니다. 악령의 꾐에 속아 분리의 가위질을 계속하고 살 것인가? 아니면 예수의 가르침을 따라 실과 바늘로 분리된 것들을 꿰매는 합일의 삶을 살 것인가?

우리가 분리의 가위질을 멈추고 분리된 것들을 꿰매는 합일의식 속에 살 때 비로소 예수의 간구는 이루어질 것입니다.

16
유혹, 깨어 있어야 할 이유

예수의 기도 (3)

―

하나님을 믿는다고 우리에게 유혹이
적게 일어나는 것이 아닙니다.
세상에 빛과 어둠이 공존하는 것처럼,
우리는 어둠의 유혹을 피할 수 없습니다.
보다 적극적으로 말하면, 유혹은 우리를 깨어 있게 하며,
우리의 내적 성숙을 돕는 요소이기도 합니다.
그래서 영적인 진보를 꾀하기 위해 오히려
유혹을 간청한 이들도 있습니다.

―

올리브 산에는 저녁놀이 물들고 있었습니다. 붉은 놀을 받은 올리브나무 잎들이 바람결에 뒤집히며 반짝거렸습니다. 이제 서산에 해는 토끼 꼬리만큼 남아 있고, 토끼 꼬리만큼 남은 저녁 해가 기울고 나면 어둠이 온 세상을 뒤덮을 것입니다.

잠시 후 어둠이 내리기 시작하는 올리브나무들 사이로 한 무리의 사람들이 숨어들었습니다. 왠지 침울해 보이는 얼굴들. 하지만 항상 넉넉한 그늘을 드리우는 올리브나무는 품을 열어 그들을 받아주었습니다. 희로애락에 휘둘리는 것이 보통 사람의 천성이듯 넉넉한 그늘을 드리우는 것은 모든 나무들의 천성인 모양입니다. 그 무엇도 거절하지 않고 다 품어주는 나무는 숱한 피조물 가운데 대자대비한 하나님을 가장 많이 닮았는지도 모릅니다.

하여간 이 올리브나무 우거진 산에 찾아든 무리는, 다름 아닌 예수와 그의 제자들. 전에도 틈만 나면 자주 찾아들던 그들입니다. 목적지에 당도한 예수는 상기된 표정으로 뒤따라온 제자들에게 입을 떼어 말을 건넵니다.

유혹에 넘어가지 않도록 기도하여라(누가복음 22:40).

나무 그늘에 앉아 이렇게 당부하는 예수의 얼굴에는 자애와 염려가 교차하고 있었을 것입니다. 함께 있을 시간이 얼마 남지 않은 사랑하는 제자들이 아닙니까. 더욱이 제자들은 스승을 위해 자기 인생을 건 자들이 아닙니까. 그렇습니다. 제자가 되는 일이란 스승에게 자기 인생을 거는 일입니다. 그런 제자들을 두고 곧 떠나야 할지 모를 절체절명의 위기 앞에서 예수가 전하는 마지막 당부!

유혹에 넘어가지 않도록 기도하여라.

예수는 이렇게 신신당부한 뒤 홀로 기도하기 위해 조금 더 올라가 딱딱한 땅 위에 무릎을 꿇었습니다. 어둑어둑 땅거미가 깔리고, 침묵이 그의 주위를 에워쌌습니다. 얼마나 그렇게 엎드려 있었을까요. 그의 입술이 부르르 떨리며 몇 마디 말이 새어 나왔습니다. 하지만 그것은 말이라기보다는 단말마의 비명, 절규였습니다.

'영혼의 잠'에서 깨어나라

누가 이 캄캄한 침묵에 가까운 절규를 흰 종이에 받아 적을 수 있었을까요. 하늘에서 불현듯 나타난 천사일까요, 아니면 사람일까요.

> 아버지, 아버지의 뜻에 어긋나는 일이 아니라면 이 잔을 저에게서 거두어주십시오. 그러나 제 뜻대로 하지 마시고 아버지의 뜻대로 하십시오(누가복음 22:42).

자기 앞에 놓인 쓰디쓴 고통의 잔, 죽음의 잔! 거둘 수 있으면 거두어 달라고 울부짖는 예수의 절규. 그의 얼굴에서 쏟아지는 땀방울이 마치 핏방울과 같았다고 성서 기자는 기록합니다. 예수가 이마에 흐르는 피땀을 닦고 다시 제자들이 모여 있던 올리브나무 그늘 밑으로 돌아와보니, 그들은 슬픔에 잠겨 잠들어 있었습니다.

슬픔에 잠겨 잠들어 있었다니? 슬픔이 그들을 잠들게 했다는 말일까요. 슬픔의 감정이 복받치는데 과연 잠들 수 있는 것일까요. 나는 이 문장이 좀 이상하다고 느끼지만, 그냥 넘어가기로 합니다. 그 다음 문장, 잠든 제자들을 향한 예수의 말씀이

중요하므로!

> 너희가 무슨 일로 자고 있느냐? 일어나거라. 유혹에 넘어가지 않도록 기도하여라(누가복음 22:46, 《메시지》 유진 피터슨 역).

바로 앞에서 문장이 좀 이상하다고 했으나, 사실 그 문장이 이상한 건 아닙니다. 깊은 슬픔에 잠기면 잠들 수 있습니다. 우리가 슬픔의 감정을 제어하지 못하고 휘둘리면 영혼이 잠들 수 있습니다.

예수가 말씀하신 '잠'은 단지 '육신의 잠'을 말하는 것이 아니라 '영혼의 잠'을 말하는 것. 예수가 제자들에게 '일어나라'고 소리친 것은 영혼의 잠에서 '깨어나라'는 것. 왜? 깨어 있지 않으면 성난 파도처럼 밀려오는 '유혹'에 넘어갈 수 있기 때문입니다.

유혹! 그렇습니다. 살아 있는 사람에게는 유혹이 없을 수 없습니다. 아니 죽음이 우리를 이 세상에서 갈라놓기까지 우리는 결코 유혹이 없기를 바랄 수 없습니다. 유혹은 늘 공기처럼 바람처럼 우리를 늘 에워쌉니다. 주님이 가르치신 기도에도 보면, 유혹(시험)이 없게 해달라고 하시지 않고, 유혹에서 지켜달라고

하셨습니다.

하나뿐인 자기 인생을 걸고 따라나선 제자들이지만, 그 영혼이 잠들면 가룟 유다처럼 유혹에 넘어갈 수 있기 때문입니다. 자기 영혼의 스승을 돈 몇 푼에 팔아버리는 배반의 유혹에! 물론 우리에게 배반의 유혹만 있는 것은 아닙니다. 우리 안에 있는 허탄한 생각과 욕정과 악마의 간계 또한 우리를 넘어뜨리는 유혹들입니다. 이런 유혹들은 우리 존재 밖에 있지 않습니다. 그것은 우리 존재 내부에 있습니다. 모름지기 유혹은 우리 삶의 일부입니다.

시련과 유혹의 상징인 광야로!

위대한 수도승 안토니오는 "우리는 자기 죄를 하느님의 면전에 들어 올려야 하고, 마지막 숨을 쉬기까지 유혹을 고려해야 한다."고 했습니다. 더 나아가 그는 "아무도 유혹 받지 않고서는 하늘나라에 들어갈 수 없다. 유혹이 없다면 구원 받을 사람이 없다."고까지 했습니다.

그래서 교부 시대의 수도승들은 스스로 광야로 나갔습니다. 목마름과 사나운 짐승과 뜨거운 모래바람과 악령들이 인간의 영혼을 위협하는, 시련과 유혹의 상징인 광야로!

하나님의 아들이신 예수도 광야에서 악령의 유혹을 받으시지 않았던가요. 어떤 이들은 예수가 유혹을 받으셨다는 사실을 인정하려 하지 않습니다. 하지만 예수가 유혹을 받았다는 사실이 그분의 위대함을 훼손하지 않습니다. 유혹을 받으시고 유혹과 싸우시고 유혹을 이기셨기에 예수는 만인의 사표가 되신 것이 아니겠습니까. 따라서 예수가 머무르셨던 광야는 시련과 유혹의 장소이면서 하나님의 영광이 드러난 장소이기도 한 것입니다.

하나님의 영광이 드러나는 장소라니? 광야는 우리 영혼을 단련하여 하나님이 기뻐할 만한 존재로 우뚝 세우는 곳이기도 하기 때문입니다.

그러나 우리가 깨어서 기도하지 않는다면, 우리는 유혹을 이길 수 없습니다. 우리가 항상 기도하며 깨어 있을 때, 우리는 비로소 영혼을 잠들게 하는 유혹의 실체를 감지할 수 있습니다.

깨어 있는 의식은 우리 마음에 일어나는 욕정이나 어리석음, 탐심을 즉각적으로 알아차릴 수 있게 하기 때문입니다. 깨어 있는 의식은 우리 마음의 파수꾼입니다. 마음의 파수꾼은 외부로부터 다가오는 유혹이나 내부에서 꿈틀대는 유혹을 금세 알아차립니다.

유혹이 마치 꼬리 달린 늑대의 형상을 하고 있다면, 그것을 알아차리기는 어렵지 않습니다. 그러나 유혹은 양의 탈을 쓴 늑대이기 십상이고, 마음의 파수꾼이 쉽사리 감지할 수 없을 때가 더 많습니다.

유혹은 때론 열심히 기도하는 이의 영혼을 넘보기도 하지 않던가요. '나는 남보다 더 많이 기도한다.'는 자만심이 그 영혼을 유혹의 늪에 빠뜨리기도 하는 것입니다.

유혹, 영적 진보의 디딤돌

우리가 하나님을 믿는다고 하여 우리에게 유혹이 적게 일어나는 것이 아닙니다. 우리의 삶에 빛과 어둠이 공존하는 것처럼, 우리는 저 어둠의 유혹을 피할 수 없습니다. 보다 적극적으로 말하면, 유혹은 우리를 깨어 있게 하며, 우리의 내적 성숙을 돕는 요소이기도 합니다. 그래서 하나님께로 가는 길에서 영적인 진보를 꾀하기 위해 오히려 유혹을 간청한 이들도 있습니다.

《베르바 세니오룸》에 나오는 이야기입니다. 이 책은 AD 3-5세기에 깨달음을 찾아 이집트 사막으로 들어가 신 앞에 홀로 단독자의 삶을 살기로 결심한 사막 교부들의 깨달음을 담은 지혜의 보고서입니다.

수도원장 요한이 기도를 통해 근심과 번뇌에서 벗어났다는 소문이 돌았습니다. 그 소문은 스케티즈의 현자의 귀에까지 들어가게 되었습니다.

저녁식사 후 현자는 형제들을 불러모아놓고 입을 열었습니다.

들었느냐? 수도원장 요한이 모든 세속의 유혹으로부터 자유로워졌다고 한다. 그러나 투쟁할 상대가 없으면 영혼도 약해지는 법. 그러니 우리 모두 수도원장에게 강한 유혹을 내려주십사고 하나님께 기도하자. 그가 유혹을 물리치면, 더 큰 유혹을 보내달라고 기도하자. 그가 그 유혹을 또다시 이겨내면, 그의 입에서 이런 말이 나오지 않게 해달라고 기도하자 '주여, 제게 사탄을 물리쳐 주소서.' 대신 그가 주님께 이렇게 청하기를 기도하자. '주여, 제게 악을 물리칠 힘을 주소서' 라고!

이 이야기 속 현자의 말이 참으로 그럴듯하지 않습니까. 폭풍우와 땡볕이 없으면 식물이 강인하게 자랄 수 없는 것처럼 도전 받지 못하는 신앙은 성장하지 못하기 때문입니다.

16 유혹, 깨어 있어야 할 이유
__예수의 기도(3)

하지만 올리브나무 아래 지쳐 잠들었던 제자들처럼 우리는 그렇게 내적으로 강인하지 못합니다. 성난 폭풍우 앞에 쓰러지는 나무들처럼 우리가 하나님 앞에 우뚝 서지 못할 만큼 큰 시련과 유혹에 직면할 때, 우리는 하나님의 도우심을 구해야 합니다.

우리가 연약한 존재라는 것을 스스로 아는 것, 하나님의 도우심을 간청하는 것 또한 우리가 생생히 깨어 있을 때 가능한 일입니다.

유혹은 언제나 우리 앞에 있으나 하나님 앞에 무릎 꿇고 기도하는 이들은 결코 실족하지 않을 것입니다.

17

빛을 감추고
먼지와 하나 되다

예수의 기도 ⑷

우리는 그분이 올린 피눈물로 얼룩진 기도,
적극적 포기의 기도를
우리 생의 순간순간마다 올려야 할지도 모릅니다.
자기포기의 기도를 통해 우리가 진정한 해방의 기쁨을
경험한다면,
우리는 또한 이기적 삶의 패턴에서 벗어나
하나님의 대자대비를 실천하는 건강한 신앙인이
될 수 있을 것입니다.

하나님의 형상으로 지음 받은 우리는 어떻게 살아야 할까요? 도대체 어떻게 사는 것이 조물주가 빚어준 삶의 장엄함과 신비에 어울리는 일일까요? 하루하루의 삶 속에서 내 자유의지와 하나님의 뜻이 갈등한다고 느껴질 때, 그 갈등을 어떻게 풀어야 할까요?

풀이나 나무, 새나 야생동물들에게는 이런 갈등이 없을 것입니다. 그들은 조물주가 빚어준 본성과 일치하는 삶을 사니까요. 인간은 그렇지 못합니다. 인간은 욕망의 자유를 행사하고, 그 자유의 행사가 남에게 해로움을 끼친다는 걸 알면서도 자기 욕망을 포기할 줄 모릅니다. 세상에는 아예 자기를 빚어준 조물주의 존재 따위를 인정하지 않은 사람들도 있지요. 그런 사람들이야 어떤 행위를 할 때 자신의 의지와 조물주의 뜻 사이에 어떤 갈등도 없겠지요. 자신의 의지와 욕망대로 살아갈 테니까 말입니다.

17 빛을 감추고 먼지와 하나 되다
__예수의 기도 (4)

'작은 나'의 죽음 '나보다 큰 나'로의 거듭남

그러나 자기를 있게 한 하나님의 성스러운 태(胎)를 의식하고 살아가는 사람은 그 예민한 영적 본성 때문에 때때로 갈등할 수밖에 없습니다. 자기를 낳아준 영적 부모의 뜻을 묻지 않을 수 없으니까요. 평생 '아버지'의 뜻에 일치된 삶을 목표로 살았던 예수조차 '죽음의 잔(盞)'을 앞에 두고 갈등하며 괴로워했습니다.

> 아버지, 만일 아버지의 뜻이면, 내게서 이 잔을 거두어 주십시오(누가복음 22:42).

예수가 거두어 달라고 간청한 '잔'은 자기 앞에 어른거리는 십자가상의 고통스러운 죽음. 이제 골고다 언덕 위로 자욱이 피어오른 먹구름은 예수의 야윈 가슴을 짓누르고 있었습니다.

얼마나 피하고 싶었을까요. 예수 역시 살과 피와 뼈를 가진 연약한 실존이 아니던가요. 만일 그가 그 죽음의 잔을 피하려고 마음을 먹었다면 얼마든지 피할 수 있었을 것입니다. 아직 죽음이 확정된 것은 아니었으니까요. 하지만 예수는 자신의 의지나 뜻보다 '아버지의 뜻'을 앞세우는 존재였기에 십자가를 눈앞에 두고 고뇌하고 괴로워하지 않을 수 없었습니다.

결국 예수는 자신의 의지와 하나님의 뜻 사이의 갈등을 겪으며 괴로워하는 중에 자기포기를 선택했습니다.

> 그러나 내 뜻대로 되게 하지 마시고, 아버지의 뜻대로 되게 하십시오.

여기서 예수의 자기포기는 '작은 나'의 죽음이며 동시에 '나보다 큰 나'로의 거듭남입니다. 대아大我로 살기 위한 소아小我의 죽음! 이런 결단이 결코 쉬운 것은 아닙니다. 자기가 지닌 모든 것이 대아, 곧 하나님께 속한 것이라는 자각이 투철했기에 가능한 일입니다. '당신이 아니 계시면 나는 아무것도 아닙니다!'라는 깨우침을 품고 살아왔기에 그런 결단을 할 수 있었을 것입니다.

성서에는 이미 이런 자기포기를 실천한 인물들이 있습니다. 늙어서 얻은 자기의 유일한 피붙이를 하나님의 명에 따라 신의 제단에 바치려 했던 아브라함이 그러하고, 이집트 땅에서 고통받는 동족을 가나안 땅으로 인도해내라는 하나님의 부르심 앞에 자기의 외뿔고집과 자유의지를 꺾고 순종했던 모세가 그러합니다.

그들은 온새미로 천명天命을 받들었습니다. 그런 행위로 인해 그들은 자기 목숨처럼 소중히 여겼던 대代가 끊기는 아픔이나 엄청난 모험을 감수해야 했습니다. 하지만 그들은 하나님의 명을 받듦으로써, 자신들이 썩어 없어질 피조계에 속한 존재가 아니라 피조물을 다스리시는 불멸의 생명인 하나님께 속한 존재임을 보여주었습니다.

빈 손, 빈 마음

쇠렌 키에르케고르는 하나님이 사람을 들어 사용하실 때 어떻게 하시는가를 자기 신앙의 체험 가운데 이렇게 표현했습니다.

> 하나님은 무無에서 모든 것을 창조하신다. 하나님은 당신이 사용하고자 하시는 것은 무엇이든지 먼저 무로 만드신다.

이것이 바로 지금도 만물을 새롭게 하시고 인간을 새롭게 빚으시는 하나님의 창조의 비밀일까요. '당신이 사용하고자 하시는 것들을 먼저 무로 만드신다?' 아하, 그래! 이것이야말로 하나님이 일하시는 방식이며 파릇파릇한 창조의 비밀이로구나.

표현은 다르지만, 예수도 이 비밀의 문을 열어보여 준 적이 있습니다. 식물적 상상력을 통해서.

> 밀알 하나가 땅에 떨어져서 죽지 않으면 한 알 그대로 있고, 죽으면 열매를 많이 맺는다. 자기의 목숨을 사랑하는 사람은 잃을 것이요, 이 세상에서 자기의 목숨을 미워하는 사람은, 영생에 이르도록 그 목숨을 보존할 것이다(요한복음 12:24-25).

콩이나 팥, 상추나 무 씨앗 한 알갱이라도 땅에 뿌려본 사람은 압니다. 씨앗의 형체가 깨어지고 부서질 때 비로소 푸성귀의 움이 올라온다는 것을. 여기서 우리는 왜 하나님이 먼저 씨앗의 죽음을 바라시는지, 자기포기를 바라시는지 그 깊은 속내를 짐작할 수 있습니다. 하나님은 사람이 기꺼이 자기포기를 감행할 때 더 좋은 것으로 갚아주실 수 있기 때문이 아니겠습니까.

더 좋은 것이란 흔히들 생각하듯이 더 많은 물질적 보화를 안겨주신다는 말이 아닙니다. 하나님은 사실상 그보다 더 값진 보화를 안겨주십니다. 그것은 앞서 말했듯이 자기포기를 감행할 수 있는, 그래서 새로운 존재로 탄생할 수 있는 성품의 근본적인 변화! 예수가 진리에 대한 목마름을 품고 찾아온 니고데모에게 말씀하셨듯이 한 인간의 근본적 변화였습니다. '거듭남' 보다 더 값진 보화, 이보다 더 큰 은총이 있을까요.

동양의 노자도 인간 존재의 성품의 변화, 거듭난 삶을 암시하는 지혜를 설파한 바 있습니다.

네 빛을 감추고 먼지와 하나가 되라[和光同塵]

그 빛이 반짝이는 지식이든, 재능이든, 눈부신 명성이든, 남들에게 거들먹댈 만한 재산이든, 그 무엇이든지 그 빛을 스스로 감추고 세상의 소자小子들과 하나가 되어야 한다는 것입니다. 여기서 우리는 자연스레 바울이 말한 그리스도의 삶의 모습을 떠올리게 됩니다. "하나님의 모습을 지니셨으나, 하나님과 동등함을 당연하게 생각하지 않으시고, 오히려 자기를 비워서 종의 모습을 취하시고, 사람과 같이 되신"(빌립보서 2:6-7) 그리스도 말입니다.

언제쯤 드높은 영성의 봉우리에 다다를 수 있을까

이러한 비움, 자기포기의 다른 말은 '복종'입니다. 내 뜻, 내 입장, 내 의지를 꺾고 내 생의 주인의 뜻, 입장, 의지에 복종하겠다는 것입니다. 시인 한용운은 〈복종〉이란 시에서 복종이 자유보다 달콤하다고 노래했습니다.

남들은 자유를 사랑한다지마는 나는 복종을 좋아하여요.
자유를 모르는 것은 아니지만 당신에게는 복종만 하고 싶어요.
복종하고 싶은 데 복종하는 것은 아름다운 자유보다도 달콤합니다.
그것이 나의 행복입니다.

자유가 아닌 복종이야말로 '나의 행복'이라고 노래하는 시인. 아, 그가 도달한 봉우리가 저만치 까마득하게 느껴집니다. 우리는 언제쯤이면 그런 드높은 영성의 봉우리에 다다를 수 있을까요.

오늘 우리가 자기포기의 소중함을 깨닫고 내 삶의 그 무엇을 포기하는 기도를 드릴 수 있다 하여도 그것은 다만 시작에 불과합니다. 무릇 한번 끓는 일로 우리가 피워 올리는 기도의 향기가 단숨에 하나님께 흠향되리라고 생각하는 것은 성급한 일이니까요. 살아 있는 순간마다 우리가 넘어야 할 생의 파고波高는 거칠고 높습니다. 우리의 에고는 틈만 나면 뱀처럼 대가리를 곧추세우고 '이만 하면 됐잖아!'라고 자만을 토해냅니다. 그렇게 자만에 빠지는 순간 우리는 앞으로 나아가지 못하고 실족하고 맙니다. 사탄이 주는 그런 자만의 유혹을 경계하면서 우리는 한 걸음, 한 걸음 내 영혼의 산정을 향해 나아가야 합니다.

따라서 우리는 어쩌면 험하고 가파른 지형의 골고다 언덕을 앞에 두고서 예수가 올린 피눈물로 얼룩진 기도, 적극적 포기의 기도를 우리 생의 순간순간마다 올려야 할지도 모릅니다. 자기포기의 기도야말로 곧 우리를 모든 억압의 족쇄에서 풀려나게 하는 해방을 가져다주니까 말입니다.

자기포기의 기도를 통해 우리가 진정한 해방의 기쁨을 경험한다면, 우리는 또한 이기적 삶의 양식에서 벗어나 하나님의 대자대비를 실천하는 건강한 신앙인이 될 수 있을 것입니다. 바울의 '나는 십자가 위에서 죽고 그리스도로 산다'는 고백은 자기포기가 선물한 해방의 기쁨을 노래한 것이며, 그리스도처럼 자비와 평화의 도구가 되었노라는 환희의 표현이 아니겠습니까.

시를 통해 평화 없는 세상의 고통을 한 몸으로 껴안으려 했던 네루다의 〈시〉에도 그런 해방의 기쁨과 환희의 물결이 일렁입니다.

> …나, 티끌만한 존재는
> 신비를 닮은, 신비의
> 형상을 한
> 별이 가득 뿌려진
> 거대한 허공에 취해
> 스스로 순수한
> 심연의 일부가 된 것만 같았다.
> 나는 별들과 함께 떠돌았고
> 내 가슴은 바람 속에 풀려났다.

18

용서, 사람을 살리는 신비한 영약

예수의 기도 (5)

용서는 영혼을 살리는 치료제입니다.
용서는 타인을 살릴 뿐만 아니라
나를 살리는 신비한 영약(靈藥)입니다.
용서하는 마음을 지닌 자에게 타인과 나는 둘이 아니니까요.
타인과 나는 둘이 아니라는 자각이 용서를 가능하게 하니까요.
비판과 단죄의 칼날보다 용서의 빛이
세상을 광명으로 가득하게 합니다.

그날 태양이 빛을 잃기 전, 해골산에는 두 개의 태양이 떠 있었습니다. 하늘에 떠 있는 태양과 무수한 빛 가운데서 참 빛으로 불리는 또 하나의 태양!

그러나 그날 해골산에 머물던 사람들은 하늘에 떠 있는 태양은 알아보았으나, 흑암의 세상에 사는 이들의 마음을 두루 비추던 참 빛으로 불리는 또 하나의 태양은 알아보지 못했습니다. 참 빛을 참 빛으로 알아보지 못하는 사람들의 무지無知. 그 무지는 결국 참 빛으로 오신 이의 육신을 지상에서 가장 날카로운 쇠붙이로 찔러 도륙했습니다.

그날카로운 쇠붙이에 찔려 육신을 도륙당한 참 빛은 마지막 숨을 거두기 전, 자기를 도륙하는 무리들을 측은히 내려다보며 입을 떼어 중얼거립니다.

아버지, 저 사람들을 용서하여 주십시오! 그들은 자기들이 하는 일을 모르고 있습니다(누가복음 23:34).

18 사람을 살리는 신비한 영약
_예수의 기도(5)

마지막 숨을 힘겹게 토해내는 중에도 참 빛 예수는 '깨어' 있었던 것입니다.

그날 그 참 빛 예수를 제외하고는, 군인들, 잡역부들, 그들을 통솔하는 지도자들 모두 '자기들이 하는 일을 모르는' 무지에 사로잡혀 있었습니다. 무지한 자는 스스로 악을 저지르면서도 그것이 악인 줄 모릅니다. 이때 무지는 결국 타인을 해치는 치명적인 독毒으로 작용합니다.

죽음의 형틀에 달려서도 '용서'를 입에 담은 사람

그런 이들을 위해 참 빛으로 환히 깨어 있는 분이 할 수 있는 일은 무엇이었을까요. '저 사람들을 용서해 달라'고 하늘 아버지께 비는 것이 아니었을까요. 이런 용서의 기도는, 기도의 주체가 자기를 해치는 자들을 이미 용서했음을 뜻합니다. 용서했기에 하늘 아버지께 그들을 대신해 용서의 기도를 바칠 수 있었던 것입니다.

자기 육신이 도륙당하는 중에도 용서의 기도를 바칠 수 있었던 이 사람은 대체 누구일까요. 하늘에 떠서 지상에서 일어나는 일을 낱낱이 살피고 있던 밝은 눈의 태양도 이 '참 빛'을 내려다보고 경악했을 것입니다. 사람을 살릴 수도 죽일 수도 있는 권세를 가진 지상의 막강한 권력자 빌라도가 '이 사람을 보라!'고 한 말은 혹 그런 놀람의 표현은 아니었을까요.

가혹한 심문 앞에서도 무서운 죽음의 형틀에 달려서도 '용서'를 입에 담은 이 사람은 대체 어떤 사람일까요.

지난날 저 성 안에 머물러 살 때도 참 빛 예수의 가르침의 키워드는 '용서'였습니다. 가르침만 베푼 게 아니라 스스로 용서를 실천하며 살았습니다.

만일 우리가 타인을 조건 없이 용서할 수 있으려면, 우리의 마음그릇을 넓혀야 할 것입니다. 마음그릇의 크기에 따라 우주를 담아낼 수도 있고, 티끌만한 남의 작은 허물도 담아내지 못할 수도 있으니까요. 너의 허물을 고치고 내 좁은 마음그릇에 들어오라고 하는 것은 진정한 용서가 아닙니다.

마음그릇이 옹색한 이들은 자기 눈의 들보는 보지 못하면서 남의 눈의 티를 들추어내는 법. 간음하다 현장에서 잡혀온 여인을 돌로 쳐 죽이겠다고 예수에게 끌고 온 유대 지도자들이 바로 그런 이들이 아니었을까요.

선생님, 이 여자가 간음을 하다가, 현장에서 잡혔습니다.
모세는 율법에, 이런 여자를 돌로 쳐서 죽이라고 우리에게

명령하였습니다. 그런데 선생님은 이 일을 놓고 뭐라고 하시겠습니까?(요한복음 8:4-5)

예수는 그들의 의뭉스런 마음을 간파하고 지혜롭게 대답했습니다.

너희 가운데서 죄가 없는 사람이 먼저 이 여자에게 돌을 던져라(요한복음 8:7).

예수의 말을 들은 그들이 하나 둘씩 차례로 자리를 뜨자 홀로 남은 여인에게 예수가 자애로운 눈빛으로 당부했습니다.

나도 너를 정죄하지 않는다. 가서, 이제부터 다시는 죄를 짓지 말아라(요한복음 8:11).

율법이라는 좁은 틀에 갇힌 이들은 사람을 정죄하지만, 예수는 사람의 허물을 관용으로 덮어주고 사람을 살립니다. 율법은 정죄의 피비린내를 풍기지만, 용서는 찢긴 상처조차 아물게 하고 치유합니다.

용서, 영혼을 살리는 치료제

무릇 용서는 영혼을 살리는 치료제입니다. 용서는 타인을 살릴 뿐만 아니라 나를 살리는 영약靈藥입니다. 용서하는 마음을 지닌 자에게 타인과 나는 둘이 아니니까요. 타인과 나는 둘이 아니라는 자각이 용서를 가능하게 하지요. 비판과 단죄의 칼날보다 용서의 빛이 우리가 사는 세상을 광명으로 가득 채워줍니다.

이런 용서의 풍요로움을 아름답게 노래한 소설로 빅토르 위고의 《레미제라블》이 떠오릅니다. 오랜 세월 감옥에 갇혀 있던 장발장은 탈옥하여, 돈 한 푼 없이, 인자한 것으로 소문난 비앵브뉘라는 이름의 노주교 댁으로 숨어듭니다. 이 주교는 그를 식탁에 초대하여 먹을 것을 주고, 그 밤을 거기서 쉬도록 침대까지 제공합니다.

그러나 장발장은 집 안 사람들이 모두 잠들기를 기다려, 식탁에 있던 은수저들을 훔쳐 도망칩니다.

그런데 장발장은 거리를 지나다가 한 형사에게 붙잡혀 불심검문을 당하게 됩니다. 형사는 그가 지니고 있던 값나가는 물건들을 보고 도둑질한 것이 아니냐고 묻습니다.

장발장은 주교에게 선물로 받은 것이라고 딱 잡아떼지만,

형사는 그의 말을 믿지 못해 그를 주교관으로 끌고 갑니다. 비앵브뉘 주교는 장발장을 데려온 형사의 말을 듣자마자 순간적으로 모든 것을 알아차립니다.

하지만 주교는 장발장이 자기의 환대를 무시했다고 꾸짖기는커녕 오히려 장발장에게는 아무 죄가 없다고 변호하기까지 합니다. 그리고 주교는 장발장에게 은촛대까지 준다는 것을 깜빡 잊었노라고 자신을 나무라기까지 합니다.

머쓱해진 형사가 돌아가고 난 뒤, 장발장이 선물을 받고 용서까지 받은 자유인의 신분으로 주교관을 그냥 떠나려고 하자, 주교가 입을 떼어 그에게 말합니다.

나의 형제 장발장, 절대 잊지 마시오. 그 돈을 정직한 사람이 되는 데 사용하겠다고 내게 약속한 말을!

사실 아무런 약속도 하지 않았던 장발장으로서는 어리둥절할 수밖에 없었습니다. 주교의 말은 계속 이어집니다.

장발장, 그대는 이제 악에 속한 사람이 아니라 선에 속한 사람이오. 나는 그대를 위해 그대 영혼을 샀소. 나는 그대 영혼을 어두운 생각과 퇴폐의 정신으로부터 건져내어 하나님께 바치려 하오.

주교의 말처럼 장발장은 정말 그렇게 되었습니다. 주교의 창조적인 용서가 그의 삶을 송두리째 바꾸어놓았던 것입니다.

그는 이제 새사람이 되어 가난한 사람들을 위해 자기의 몸과 영혼을 바치게 됩니다. 그는 자베르 경감의 목숨을 살려주기까지 합니다. 자베르는 장발장을 범죄자로 의심하여 감옥에 넣으려 했던 자가 아닙니까. 그런 자베르를 장발장은 용서했던 것입니다. 주교의 뜨거운 용서를 통하여 자신이 변화되었기 때문입니다.

이처럼 용서는 용서받은 사람을 용서자로 변화시킵니다. 우리의 영혼은 용서하고 용서받는 경험을 통해서 자랍니다. 용서하고 용서 받는 경험은 우리의 영혼을 성숙하게 합니다. 용서하고 용서받을 수 있으면 꽝꽝 닫혔던 낙원의 문도 열리게 합니다.

해골산 언덕에서 예수와 함께 십자가 형틀에 달렸던 죄수 중의 한 사람도 '무지' 속에 있는 이들의 무지를 탓하지 않고 관용으로 품으시는 예수의 용서의 기도를 들었던 것일까요. 결국 그에게도 낙원의 문이 열립니다. 낙원은 다른 곳이 아닙니다. 용서와 사랑을 매개로 아름다운 관계가 꽃을 피운 곳이 바로 낙원입니다.

물론 예수는 한 번도 아름다움을 입에 올린 적이 없습니다. 사랑이라는 진짜 이름으로 오직 아름다움을 벗 삼았을 뿐입니다. 따라서 아름다운 관계의 꽃은 사랑에서 피어납니다.

그러므로 우리가 알아야 할 것은, 미움과 증오는 우리를 계속 실낙원에서 고통받으며 살게 한다는 것입니다. 하지만 용서와 사랑의 기도는 하나님 나라를 무량무량 넓혀줍니다. 예수가 기도를 가르치시면서 거듭 용서를 당부하시는 까닭이 그것입니다.

> 너희가 서서 기도할 때에, 어떤 사람과 서로 등진 일이 있으면, 용서하여라. 그래야, 하늘에 계신 너희 아버지께서도 너희의 잘못을 용서해 주실 것이다(마가복음 11:25).

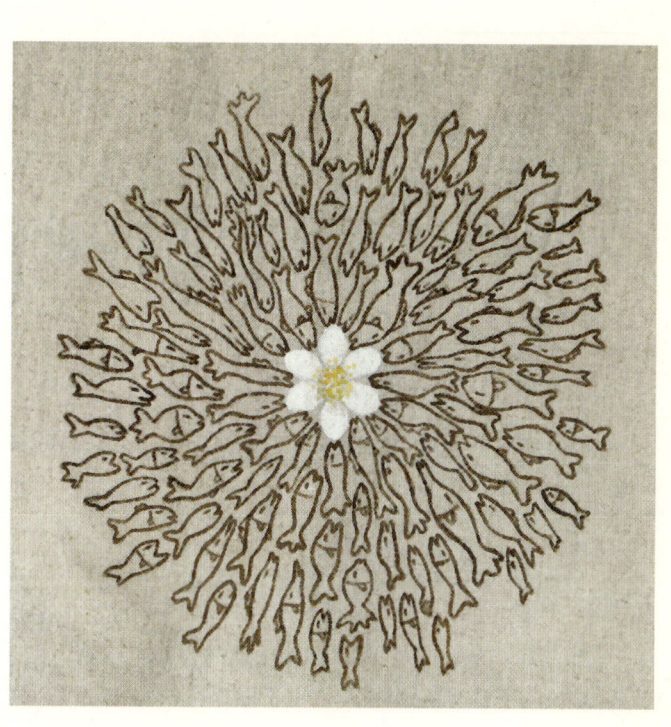

19

하나님 안으로
풍덩 뛰어들어

베드로와 고넬료의 기도

하나님의 사랑은 인간이 쌓아올린 숱한 경계에
갇힐 수 없습니다.
하나님의 사랑은 그런 경계를 훌쩍 뛰어넘습니다.
사람들은 유대인/이방인, 죄인/의인, 부자/빈자,
귀족/천민을 나누는 일에 익숙하지만,
하나님의 사랑은 가없는 원(圓)과도 같아서
그 누구든 다 포용하십니다.

두 사람은 서로 만난 적이 없었습니다. 두 사람은 서로 눈빛을 마주친 적도, 옷깃을 스친 적도 없었습니다. 두 사람의 만남을 주선한 것은 두 사람을 아는 어떤 사람이 아니었습니다. 두 사람이 만날 수 있도록 중매 선 이는 하나님이었습니다. 두 사람은 각각 기도하는 경건하고 진실한 사람이었으나, 그들의 기도를 한 분 하나님이 듣고 계신다는 것을 전혀 상상하지 못했습니다.

두 사람 사이를 가로막는 장벽이 까마득히 높았기 때문입니다. 두 사람의 사이를 가로막는 장벽은 사람의 힘으로는 허물어뜨릴 수 없는 것이었습니다. 사람들은 그 장벽을 하나님이 쳐놓은 것이라 믿고 있었습니다.

그 장벽은 하나님이 어느 민족을 특별히 사랑한다고 생각하여 우뚝 솟아난 것이었습니다. 그 장벽을 일컬어 사람들은 '선민사상'이라 불렀습니다. 그것은 하나님이 특별히 사랑하시는 한 민족에 속한 사람들을 제외하고는 나머지 모두를 '개'처럼 여기는 그런 고약한 사상이었습니다.

19 하나님 안으로 풍덩 뛰어들어
_베드로와 고넬료의 기도

기도중에 발생한 기적

두 사람은 이 얼음장처럼 차가운 분리와 차별의 장벽을 가슴 깊이 품고 있었기에 두 사람이 만나 서로 따스한 가슴을 나눈다는 건 상상할 수도 없는 일이었습니다. 이 상상할 수도 없는 일이, 상상할 수 없는 방식으로 일어났습니다. 그것은 문자 그대로 기적이요 신비였습니다.

그 기적은 기도 중에 발생했습니다.

가이샤라에 고넬료라는 사람이 있었는데 그는 이탈리아 부대라는 로마 군대의 백부장이었습니다. 그는 경건한 사람이어서 온 가족과 함께 하나님을 공경하고 유대인들에게 많은 자선을 베풀며 하나님께 늘 기도를 드리고 있었습니다. 그런데 어느 날 신비로운 영상 가운데 나타난 하나님의 천사가 말했습니다.

네 기도와 자선 행위가 하나님 앞에 상달되어서, 하나님께서 기억하고 계신다. 이제 욥바로 사람을 보내서, 베드로라고도 하는 시몬이라는 사람을 데려오너라. 그는 무두장이인 시몬의 집에 묵고 있는데, 그 집은 바닷가에 있다(사도행전 10:4-6).

성서에는 기록되어 있지 않지만, 고넬료는 갑자기 나타난 천사의 말을 듣고 얼마나 놀랐을까요. 그리고 당황했을까요. 하여간 이것이 서로 모르는 두 사람이 만나게 된 단초입니다.

고넬료는 잠시 놀란 가슴을 진정시키고 하인들을 불러 전혀 안면이 없는 베드로라고도 하는 시몬이 머물고 있다는 욥바로 보냈습니다. 고넬료가 보낸 하인들이 욥바 근처에 당도할 무렵, 또 한 사람도 기도를 하려고 자기가 머무르던 집의 옥상에 올라가 있었습니다. 그는 다름 아닌 베드로라고도 하는 시몬이었습니다.

때는 낮 열두 시쯤이었습니다. 태양이 불타고 있는 시각이었습니다. 옥상 아래서는 점심을 준비하고 있었는데 베드로는 솔솔 올라오는 음식 냄새에 시장기가 들어 무엇이든 좀 먹었으면 하는 생각을 하고 있었습니다. 그 순간 그는 갑자기 황홀경으로 빠져 들어갔습니다.

황홀경!

불가항력이었습니다. 자제하려고 해도 할 수 없는 어떤 강력한 힘이 그를 사로잡았습니다. 그를 사로잡은 힘은 신비라는 말로밖에 표현할 수 없는 그런 것이었습니다. 곧이어 하늘이 열리고 큰 보자기와 같은 그릇이 네 귀퉁이에 끈이 달려서 땅으로 내려오는 것이 보였습니다. 그 속에는 온갖 네 발 가진 짐승과

19 하나님 안으로 풍덩 뛰어들어
_베드로와 고넬료의 기도

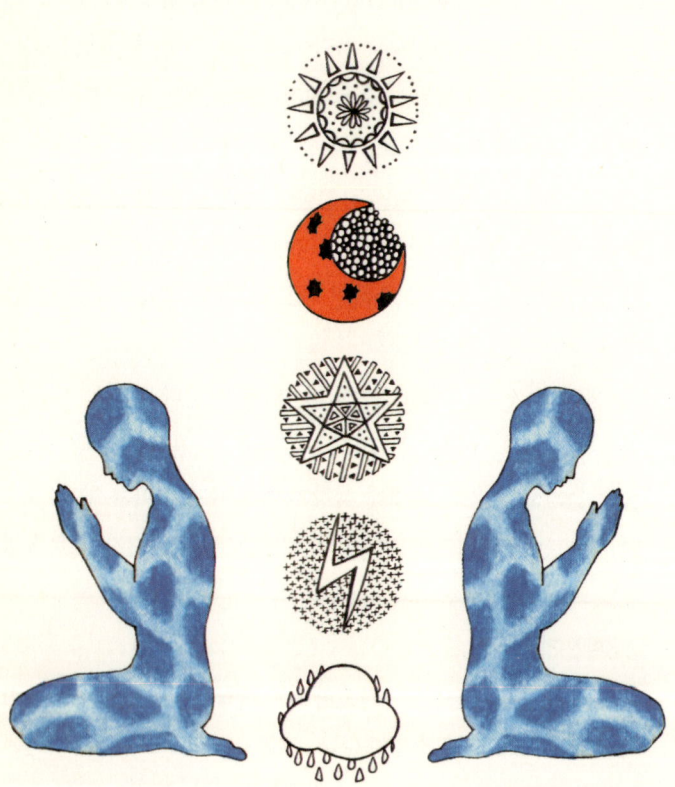

땅을 기어 다니는 짐승과 하늘의 날짐승이 들어 있었습니다. 그때 하늘에서 신비로운 음성이 들려왔습니다.

> '베드로야, 일어나서 잡아먹어라' 하는 음성이 들려 왔다. 베드로가 대답하였다. '주님 절대로 그럴 수 없습니다. 저는 속되고 부정한 것은 한 번도 먹은 일이 없습니다'(사도행전 10:14).

비록 환상 속의 일이지만, 베드로의 가슴 속에는 여전히 성/속聖/俗, 미/추美/醜에 대한 분별심이 또렷이 살아 있었습니다. 이런 분별심은 앞서 언급한 것처럼 대부분의 유대인이 지니고 있던 선민의식, 즉 민족적 우월감에서 비롯된 것이었습니다. 그러니까 베드로는 여전히 민족적 우월감의 울타리에 자기를 가두고 있었습니다. 그런 울타리는 인간을 왜소하게 만듭니다. 그런 울타리에 갇히면 자기 울타리 밖의 타인을 밀어냅니다.

예수의 복음을 전하는 사도의 직분에 큰 자부심을 가지고 있었지만, 아직도 베드로는 복음의 수혜자를 유대인에 한정하고 있었습니다. 복음의 수혜자를 유대인에 한정한다는 건, 그가 전하는 복음이 천하 만민의 복음이 되지 못하고 있다는 걸 의미합니다. 베드로가 이해하는 복음은 반쪽복음이었습니다. 베드로는 아직도 예수께서 전한 복음의 깊은 뜻을 헤아리지 못하고 있었습니다.

하늘을 담은 호수

살아생전 예수가 보여주신 삶을 보면, 하나님의 사랑은 인간이 쌓아올린 숱한 경계에 갇힐 수 있는 것이 아니었습니다. 하나님의 사랑은 그런 경계를 훌쩍 뛰어넘습니다. 하나님의 사랑은 가없는 원圓과도 같아서, 그 원 안에 들어가지 못할 것이라곤 없습니다.

사람들은 유대인/이방인, 죄인/의인, 부자/빈자, 귀족/천민을 나누는 일에 익숙하지만, 하나님은 그 가없는 사랑으로 누구든 다 포용하십니다. 이것이 바로 예수 복음의 알짬이 아닐까요.

당시의 베드로만 아니라 오늘날 그리스도인들 가운데도 여전히 이런 분별심으로 복음의 깊이를 헤아리지 못하는 이들이 많습니다. 더러는 자기가 믿는 종교에 대한 애착이 지나쳐 다른 종교의 성상을 파괴하고 자신과 다른 종교인을 폄하하는 언사조차 서슴지 않는 이들이 있습니다. 참으로 딱한 일입니다.

그런 걸 볼 때면 하나님께서 베드로에게 한 말씀이 불쑥 떠오르곤 합니다.

하나님께서 깨끗하게 하신 것을 속되다고 하지 말아라(사도행전 10:15).

베드로는 하나님이 이런 놀라운 영상을 똑똑히 보여주셨음에도, 그것이 무슨 뜻인지 헤아리지 못하고 있었습니다. 그래서 하나님은 베드로가 알아듣도록 조곤조곤 말씀해주십니다. 당신이 지은 피조물 가운데 어느 것 하나 깨끗하지 않은 것이 없다고! 피조물은 저마다 하나님으로 가득 차 있고, 저마다 하나님에 관해 기록된 한 권의 책과 같다고!

시인이며 수도자인 에르네스또 까르데날도 《하늘을 담은 호수》라는 에세이에서 피조물의 성스러움에 대해 시적 은유를 통해 이렇게 노래했습니다.

세상 만물의 가장 작은 조각들에도
하나님의 지문이 찍혀 있네.
모든 원자 속에 삼위일체의 거룩한 형상이
성스럽게 모셔져 있으며,

삼위일체 하나님의 모습이
어슴푸레 어려 있네.

내 몸뚱이를 이루는 하나하나의 세포가
모두 다 창조주를 찬미하고
끊임없이 사랑을 선언하네.
물총새는 물고기를 잡도록 만들어졌고
붕붕 우는 벌새는
꽃의 꿀을 빨도록 만들어졌으며,
사람은 하나님을 묵상하고
사랑하도록 창조되었다네.

이 수도자 시인에게는 이 땅 위에 성스럽지 않은 것이 없습니다. 그는 돼지의 맑은 두 눈에서도 하나님의 성스러움은 드러나며, 폐결핵 환자가 뱉은 침도 카리브해의 맑은 바닷물만큼이나 깨끗하다고 말합니다.

그가 이처럼 삼라만상을 너그러운 가슴으로 보듬어 안을 수 있는 것은, 그 자신이 모든 피조물 가운데 살아계시는 하나님의 현존을 볼 수 있는 좋은 눈을 지녔기 때문일 것입니다.

복음이 유대를 넘어 세계로 전해지는 새로운 변곡점

하여간 베드로는 로마 백부장인 고넬료와의 신비로운 만남을 통해 새로운 복음의 사도로 거듭납니다. 유대인을 위한 복음 전도자에서 만민을 품어 안는 복음 전도자로!

사실 이건 놀라운 사건입니다. 복음이 유대를 넘어 세계로 전해지는 새로운 변곡점이 되었기 때문입니다.

우리가 이 아름다운 사건에서 주목할 것은 두 사람이 모두 기도의 사람이었다는 점입니다. 두 사람은 결코 자아중심적인 기도를 하나님께 바치는 이들이 아니었습니다. 자아중심적인 기도는 자기 이익 혹은 자기가 속한 어느 패거리의 이익을 위해 드려지는 경우가 많습니다. 그건 진정한 기도가 아닙니다. 중세의 수도승 마이스터 엑카르트는 갈파합니다.

사람은 하나님의 형상대로 지어졌습니다.
사람은 하나님과 한 핏줄이자 한 씨입니다.

우리가 '하나님과 한 핏줄이자 한 씨'라는 자각을 지니게 된다면, 우리는 왜소한 자아의 울타리에, 혈연의 울타리에, 또는 민족이나 어떤 종파의 울타리에 갇히지 않을 것입니다. 하나님의 은총으로 기도 중에 만난 두 사람, 베드로와 고넬료는 적어도 자아중심주의를 뛰어넘어, 하나님과 한 핏줄이자 한 씨라는 자각으로 하나님의 뜻을 극진히 받들었던 것입니다. 오늘 우리는 과연 이처럼 하나님의 마음을 움직이는 기도를 드리며 살고 있는지요.

우리가 하나님의 마음을 움직이는 기도를 드리기 위해서는, 두 사람처럼 하나님 안으로 풍덩 뛰어들어가야 합니다. 그리하여 하나님과의 온전한 합일을 바라는 뜨거운 갈망이 항상 우리 안에 출렁여야 할 것입니다.

20

'쉬지 않는 기도'의 향기

―――

바울의 기도 (1)

―――

이것은 쉬지 않는 기도를 통해 마음의 감옥을 부숴버린 자,
참된 자유를 누리는 자의 고백입니다.
쉬지 않는 기도가 '거룩한 습관'이 된 자의 고백입니다.
거룩한 습관이 된 기도는 쉽고, 자연스럽습니다.
그것은 마치 우리가 저절로 숨 쉬듯,
피가 저절로 우리 온몸을 돌아다니듯 그렇게 자연스럽습니다.

―――

어느 수도원의 긴 아침기도가 끝난 후 한 풋내기 수사가 수도원장에게 물었습니다.

"기도를 통해 우리 인간이 하나님에게 가까워질 수 있습니까?"

수도원장이 진지한 태도로 묻는 풋내기 수사에게 대답했습니다.

"내가 답하는 대신에 너에게 묻겠다. 네 간절한 기도가 내일 아침 해를 뜨게 하겠느냐?"

"그럴 리가 없잖습니까. 해가 뜨는 건 우주의 섭리니까요."

"그 말 속에 네 질문에 대한 답이 들어 있다. 하나님께서는 항상 우리 가까이에 계신다. 얼마나 많이 기도하는가 하는 것과는 상관없이."

풋내기 수사가 충격을 받은 듯 얼굴이 벌개졌습니다.

"그러면 수도원장님의 말씀은 기도가 쓸모없다는 겁니까?"

"오해하지 말거라. 절대 그런 말이 아니야. 일찍 일어나지 않으면 해돋이를 볼 수 없듯이, 하나님께서 늘 우리 곁에 계셔도 기도를 하지 않으면 그분의 현존을 느낄 수 없는 것이란다."

파울로 코엘료의 《흐르는 강물처럼》에 나오는 이야기입니다. 우리가 항상 기도하며 살아야 할 이유를 이보다 더 잘 설명할 수는 없을 것입니다.

'하나님과 끊임없이 대화하는 것'의 중요성

사도 바울도 데살로니가 교인들에게 보낸 편지에서 '하나님과 끊임없이 대화하는 것'의 중요성에 대해 말한 바 있습니다.

> 항상 기뻐하십시오. 쉬지 말고 기도하십시오. 모든 일에 감사하십시오. 이것이 그리스도 예수 안에서 여러분에게 바라시는 하나님의 뜻입니다(데살로니가전서 5:16-18).

이런 권고는 분주하게 살면서 마음이 갈가리 찢긴 사람들, 뚜렷한 삶의 향방 없이 무엇엔가 쫓기듯 살아가는 사람들에게 여전히 유효합니다. 더욱이 우리 머릿속에 숱한 생각들이 헝클어진 실타래처럼 뒤엉켜 있을 때, 우리는 삶의 중심으로부터 멀어집니다. 삶의 중심으로부터 멀어지면 한 가지 일에 집중하지 못할 뿐만 아니라 정신은 산만해지고, 마음에는 안정과 평화가 깃들지 않습니다.

바로 이때 쉬지 않는 기도가 필요합니다. 쉬지 않는 기도는 잃어버린 삶의 중심을 회복하도록 도와주기 때문입니다. 신학자 리차드 포스터는 우리가 삶의 중심을 회복하는 것은 우리 몸이 원하는 일이라고 말합니다.

> 당신의 몸속에 있는 모든 세포가 이러한 생활을 갈구하지 않는가? 하나님의 계속적인 임재를 마음 속 깊이 동경하고 있지 않는가? 하나님의 사랑과 하나님의 기쁨과 하나님의 평화와 하나님의 능력이 점점 더 증가하기를 갈망하지 않는가?

만일 우리 몸의 모든 세포가 삶의 중심을 회복하는 기도생활을 갈망한다면, 평소 쉬지 않는 기도생활을 실천하려는 의지가 우리에게 있어야 할 것입니다. 그러니까 우리가 여기저기서 조금씩 드린 기도로는 충분하지 않다는 것입니다. 우리 속에 있는 하나님의 제단에 기도의 불이 꺼지지 않게 해야 한다는 것입니다. 사무엘 선지자가 자기는 결코 기도하지 않는 죄를 범하지 않겠다고 했는데, 이런 말 역시 쉬지 않고 기도하겠다는 의지의 표현에 다름 아닙니다.

'예수기도'

 기독교 역사 속에는 기도의 불이 꺼지지 않기를 갈망하며 그것을 실천했던 흔적이 면면히 살아 있습니다. 동방기독교 전통에 기원을 둔 '예수기도'가 그 중의 하나입니다.
 '예수기도'는 좀 더 정확히 말하면 '예수의 이름을 부르는 기도'입니다. '예수기도'의 내용은 간단합니다. 숨을 들이쉬고 내쉴 때마다 '주 예수 그리스도, 하나님의 아들이시여, 이 죄인을 불쌍히 여기소서!' 하고 마음속으로 계속 읊조리면 됩니다.
 사실 이 기도는 예수의 비유에서 유래되었다고 합니다. 누가복음에 나오는 비유를 보면, 세리가 자기 가슴을 치며 "오, 하나님! 죄 많은 저에게 자비를 베풀어주십시오."(누가복음 18:13)라고 기도합니다. 세리가 드린 이 기도에서 비롯된 예수기도는 여러 세기 동안 이어져오다가 14세기에 이르러 동방교회에서 수정되었다고 합니다.
 이 '예수기도'는 19세기에 이름이 알려지지 않은 러시아 농부가 쓴 《순례자의 길》이라는 책에 감동적으로 잘 나타나 있습

니다. 그 농부는 일단 '예수기도'를 배우게 되자 낮이나 밤이나 쉬지 않고 '예수기도'를 드렸습니다. 그리하여 마침내 그 기도는 생각에서 마음으로 이어져서 그의 온몸으로 스며들게 됩니다.

그것이 온몸으로 스며들었다는 말은 예수기도가 완전히 기도하는 이 속에 내면화되었다는 말입니다. '예수기도'는 마치 절대로 떨어지지 않는 동반자처럼 순례자인 농부와 함께 걷습니다. 걷다가 나무 그늘에 앉아 쉴 때도 예수기도는 농부 곁에서 떨어지지 않습니다. 농부가 다시 일어나 걸으면 예수기도는 그와 더불어 순례의 여정을 함께 합니다.

제가 이 '예수기도'를 처음으로 드려 본 것은 20대의 신학도였을 때입니다.

어느 날 저는 친구와 함께 소백산을 넘고 있었습니다. 쌀쌀해지기 시작하는 늦가을이었습니다. 등산 장비도 제대로 갖추지 않고 초행의 산길을 넘던 우리는 그만 길을 잃어버리고 말았습니다.

지금 생각하면 참으로 무모한 산행이었습니다. 길을 잃고 헤매다 보니 캄캄한 밤이 되었습니다. 우리는 밤길을 밝힐 조명 도구조차 지니고 있지 않았습니다. 설상가상으로 진눈깨비까지 흩뿌리기 시작했습니다. 두려움이 온몸으로 엄습했습니다.

저는 순간적으로 '예수기도'를 떠올렸습니다. 그리고 속으로 중얼거리기 시작했습니다.

'예수여, 저의 길을 인도하소서!'

이 짧은 구절을 반복하고 또 반복했습니다. 그러면서 무작정 길 없는 길을 걸었습니다. 아무 것도 보이지 않는 칠흑의 밤길을… …. 넘어지기도 숱하게 넘어졌습니다. 넘어지면 또다시 일어나 걸었습니다. 그때마다 저의 입술은 '예수여, 나를 불쌍히 여기소서!'를 반복하여 중얼거리고 있었습니다.

아마도 제 평생 그렇게 기도에 집중했던 순간은 없었던 것 같습니다. 그렇게 걷다 보니, 멀리서 깜빡거리는 작은 불빛 하나가 보였습니다. 이제 살았구나, 싶었습니다. 우리는 그 불빛을 바라보며 어둠 속을 더듬어 산을 내려올 수 있었습니다.

그때 이후 '예수기도'는 제 삶의 등대와도 같습니다.

쉬지 않는 기도가 '거룩한 습관'이 된 자의 고백

무언가가 내 앞을 가로막아 갈 길이 막막할 때, 이러저런 근심과 두려움에 사로잡힐 때, 불현듯 다가오는 욕정과 유혹에 직면할 때, 그리고 마음의 갈피를 잡을 수 없어 갈팡질팡할 때, 나는 예수의 이름을 부르는 기도를 올립니다. 예수의 이름을 반복해서 부르며 기도하다 보면, 나를 사로잡는 숱한 장애에서 해방됩니다. 사도 바울도 이런 기도 중에 겪은 해방의 경험을 우리에게 들려줍니다.

> 때는 한밤중이었다. 바울과 실라는 기도하면서 하나님을 찬미하고 있었고 다른 죄수들은 그것을 듣고 있었다. 그때 갑자기 큰 지진이 일어나 감옥을 기초부터 온통 뒤흔들어 놓는 바람에 문이 모두 열리고 죄수들을 묶어두었던 쇠사슬이 다 풀리고 말았다(사도행전 16:25-26).

바울은 감옥 문이 열리고 자기를 묶었던 쇠사슬이 풀리는 이런 해방의 경험을 겪었기에 쉬지 말고 기도할 것을 당부하고 있는 것입니다. 사실 바울은 자기를 가둔 감옥 문이 열렸지만 감옥을 떠나지 않았습니다. 그러니까 세상의 그 무엇도 그를 가둘 수 없었던 것이지요. 이미 자기 마음의 감옥을 부숴버린 자를 가둘 수 있는 감옥이 세상 어디에 있겠습니까.

> 나는 확신합니다. 죽음도, 삶도, 천사들도, 권세자들도, 현재 일도, 장래 일도, 능력도, 높음도, 깊음도, 그 밖에 어떤

피조물도, 우리를 우리 주 예수 그리스도 안에 있는 하나님의 사랑에서 끊을 수 없습니다(로마서 8:38-39).

이것은 쉬지 않는 기도를 통해 마음의 감옥을 부숴버린 자, 참된 자유를 누리는 자의 고백입니다. 쉬지 않는 기도가 '거룩한 습관'이 된 자의 고백입니다. 거룩한 습관이 된 기도는 쉽고, 자연스럽습니다. 그것은 마치 우리가 저절로 숨 쉬듯, 피가 저절로 우리의 온몸을 돌아다니듯, 그렇게 자연스럽습니다.

사막의 수도자인 시리아의 아이작은 이런 기도의 신비를 다음과 같이 노래했습니다.

어떤 사람의 마음속에 성령이 거하시게 되면 그 사람은 기도를 멈출 수 없다. 성령이 그 안에서 쉬지 않고 기도하시기 때문이다. 잠을 자든, 깨어 있든 그 사람은 마음속으로 계속해서 기도하게 된다. 먹을 때나 마실 때나, 일할 때나 쉴 때나, 기도의 향기가 그의 마음속에서 자발적으로 피어오르게 된다.

저는 오늘도 내 들숨날숨을 지켜보며 '예수기도'를 올립니다. 제 기도가 이런 성숙한 분량에까지 이르기를 소망하며….

21

기도에 보금자리를 튼
성숙한 영혼

―

바울의 기도 (2)

기도를 통해 하나님과의 사귐이 돈독해진 사람은
이 위대한 신비에 자기를 내어맡깁니다.
사는 것과 죽는 것의 신비, 아는 것과 알지 못하는 것의 신비,
사랑하는 것과 사랑할 수 없는 것의 신비에 마주치는 순간,
그는 온전히 자기를 내어맡깁니다.
그 내어맡김이 곧 기도입니다.

기도의 스승이 우리에게 필요한 이유는, 우리가 종종 '기도의 목적'을 망각하고 곁길로 빠지기 때문입니다. 기도의 목적을 잃어버리면 우리는 진정 구해야 할 것을 구하지 않고 부질없는 것을 구하게 됩니다. 이것은 바다를 항해하는 배가 항로를 잃고 표류하는 것과도 같고 나침반도 없이 황막한 사막을 걷는 것과도 같습니다.

'하늘이 심고 하늘이 거두는 천수답'

그렇다면 기도의 목적은 무엇일까요?

먼저 기도의 스승인 사도 바울의 말씀에 먼저 귀 기울여볼까요. 그는 감옥에서 골로새 교인들에게 보낸 편지에서, 자기와 신앙 여정을 함께 하는 에바브라의 소식을 전하면서 이렇게 말합니다.

여러분의 동향인인 에바브라도 여러분에게 문안합니다. 그리스도 예수의 종인 에바브라는 여러분이 성숙한 사람으로 굳건히 서서 하나님의 뜻을 이루는 데 온전히 헌신할 수 있도록 언제나 열심히 기도하고 있습니다(골로새서 4:12, 공동번역).

이 문안 인사를 통해 바울은 기도의 목적이 무엇인지 분명하게 밝혀주고 있습니다. 그것은 곧 하나님의 뜻에 온전히 헌신할 수 있는 '성숙한 사람'으로 굳건히 서는 일입니다. 그러니까 진정한 기도의 목적은 우리의 물질적 갈망을 채우기 위한 것이거나 병든 육신을 치유하는 데 있는 것이 아니라 하나님의 뜻을 받들 수 있는 성숙한 존재로 여물어가는 데 있는 것입니다. 그것은 '하늘이 심고 하늘이 거두는 천수답'(김영래의 시 〈사순절 3〉)의 식물처럼 하나님의 뜻에 온전히 순복하는 존재가 되는 일이겠지요. 이런 목적을 망각한 채 기도한다면, 아무리 오래 신앙생활을 했다고 하더라도, 옹골차게 여물어가는 신앙의 성숙은 기약할 수 없는 것입니다.

우리가 기도를 통해 얻을 수 있는 가장 값진 보화는 돈 같은 걸로 환산할 수 없습니다. 대부분의 사람들이 구하는 자식의 출세, 육신의 건강, 재산의 증식 같은 것으로도 환산할 수 없습니다. 언젠가 소멸하고 말 이런 덧없는 것들을 덧없는 것으로 볼 수 있는 시력이야말로 기도를 통해서 얻을 수 있는 값진 보화입니다. 하지만 우리가 머리로는 그에 대해 안다고 하더라도 그것을 실천하는 것은 무척 어려운 일입니다.

다이아몬드를 먼지로 볼 수 있는 시력(視力)

한 쌍의 부부가 남다른 각오로 세속의 생활을 버리고 간절한 염원을 품은 채 성지로 순례를 떠나게 되었다고 합니다.

길을 가는 도중에 앞서 걷던 남편은 우연히 아름다운 다이아몬드가 땅에 떨어져 있는 것을 보게 되었습니다. 그것을 보는 순간, 그는 자기 아내가 보면 욕심이 생길 거라는 생각이 들어 다이아몬드를 얼른 땅 속에 묻으려 했습니다.

그때 아내가 쫓아와서 무엇을 하느냐고 물었습니다. 남편은 아무 것도 아니라고 얼버무렸습니다. 하지만 눈치 빠른 아내는 미처 땅에 묻히지 못한 채 번쩍이는 다이아몬드를 보고 남편의 속내를 다 꿰뚫고 있다는 듯이 말했습니다.

"당신이 다이아몬드와 먼지를 구별한다면 왜 속세를 버리셨죠?"

인도의 수도자인 바바 하리다스의 산문집 속에 나오는 이야기입니다. 인간이 물질의 속박에서 벗어나는 일이 얼마나 어려운 일인가를 넌지시 일러줍니다. 자발적으로 속세를 버리고 영적 순례를 떠난 이라면 더 이상 다이아몬드와 먼지를 분별하지 말아야 합니다. 그러나 어떻게 우리가 속세에 몸 붙여 살면서 다이아몬드를 먼지로 볼 수 있는 시력視力을 어떻게 지닐 수 있을까요.

바울 사도는 다메섹에서 예수의 음성을 듣고 눈의 비늘이 벗겨지는 놀라운 경험을 합니다. 그러나 이런 단 한 번의 경험만으로 바울이 다이아몬드를 먼지로 보는 시력을 얻게 된 것은 아니었습니다. 아라비아 광야에서, 감옥에서, 전도하는 과정 속에서 숱한 시련과 역경의 고비를 넘으면서 단단한 신앙인으로 여물었기에 비로소 그는 그런 시력을 얻을 수 있었을 것입니다. 이런 경험의 빛에서 바울 사도는 말합니다.

> 나는 여러분 모두가 기도로 하나님과의 사귐을 발전시키기를 바랍니다. 하지만 거기서 멈추지 마십시오. 다른 사람을 찾아가서 하나님의 분명한 진리를 선포하십시오(고린도전서 14:5, 《메시지》 유진 피터슨 역)

하나님을 우리 삶 속에 초대하는 일이 기도라면, 우리의 초대에 응해 우리 삶 속에 오신 하나님과의 사귐을 더욱 발전시키는 일, 그것 또한 기도밖에 없다는 것입니다. 사귐이란 말에서 우리는 자연스럽게 벗을 연상합니다. 그렇습니다. 우리가 기도 생활을 멈추지 않으면 아브라함처럼 하나님을 벗으로 사귀는 은총을 누릴 수 있습니다. 우리가 아브라함 같은 신실한 믿음을 지니면 하나님은 결코 '가까이하기에 먼 당신'이 아닙니다. 우리와 늘 동행하는 친근한 벗이 되십니다.

나와 하나님, 하나님과 나 사이에는 본래 격절隔絶이 없습니다. 하나님과 나는 '사이 없는 사이'입니다. 우리가 하나님과 사이 없는 사이라면 이보다 더 신비롭고 경이로운 선물은 없을 것입니다. 바울 사도는 하나님과 사이 없는 사이로 살아가는 삶의 기쁨을 이렇게 표현했습니다.

> 나는 그리스도와 함께 십자가에 못 박혔습니다. 이제 사는 것은 내가 아닙니다. 그리스도께서 내 안에서 사시는 것입니다. 내가 지금 육신 안에서 사는 것은 나를 사랑하셔서, 나를 대신하여 자기 몸을 내주신 하나님의 아들을 믿는 믿음 안에서 사는 것입니다. 나는 하나님의 은혜를 헛되게 하지 않습니다(갈라디아서 2:20-21).

이제는 내가 사는 것이 아니라 그리스도가 내 안에서 산다면 '나'는 어디로 사라진 걸까요. 어디로 사라진 것이 아닙니다. 본래 '나'라는 존재는 따로 없었습니다. '나'라는 존재가 있다는 착각만 있었습니다.

머리로 헤아릴 수 없는 위대한 신비

기도하는 사람, 하나님과의 사귐이 돈독한 사람은 압니다. '나'는 이미 예수와 함께 십자가 위에 못 박혀 죽고, 내 안에 현존하시는 그리스도로 살아 있음을!

이것은 우리의 머리로 헤아릴 수 없는 위대한 신비입니다. 기도를 통해 하나님과의 사귐이 돈독해진 사람은 이 위대한 신비에 자기를 내어맡깁니다. 사는 것과 죽는 것의 신비, 아는 것과 알지 못하는 것의 신비, 사랑하는 것과 사랑할 수 없는 것의 신비에 마주치는 순간, 그는 온전히 자기를 내어맡깁니다. 그 내어맡김이 곧 기도입니다. 우리 기도의 길라잡이 바울이 그렇게 했습니다.

몇 년 전 저는 전라도 강진에 있는 한 수도원에서 피정을 한 일이 있습니다. 서너 분의 수도자들과 한 달을 함께 지내며 그분들의 생활을 가까이서 지켜보았습니다. 하루 중에 수도자들의 기도하는 시간은 길었고, 바깥에 나가 활동하는 시간은 짧았습니다.

그러나 활동하는 시간은 짧았지만 수도자들의 활동은 무척 역동적이었습니다. 그때 저는 깨달았습니다.

아하, 기도에 보금자리를 튼 영혼은 저렇게 힘이 세구나! 하나님께 나를 내어맡기는 것은, 흔히들 잘못 생각하듯, 삶에 대한 소극적 태도가 아니로구나. 세상으로부터의 도피도 아니로구나.

오히려 피동의 마음가짐으로 하나님 앞에 앉아 기도할 수 있는 사람이야말로 사사로움을 여읜 온전한 자비를 실천할 수 있는 힘을 지니게 되는 것입니다. 다시 말하면 하나님 앞에서의 고즈넉한 피동이 세상을 향한 능동이 될 수 있다는 것입니다.

고요와 적정 속에 고요히 앉아 온전히 자기를 비울 수 있는 사람이 불의한 세상을 향해 정의로운 목소리를 낼 수 있고, 다툼과 미움과 증오가 지배하는 세상에서도 평화의 노래를 부를 수 있는 것입니다.

오늘 지금 이 순간도, 하나님이 찾으시는 쓸 만한 그릇은 이런 기도의 사람이 아닐까요.

22

부족한 가운데서도 걸작을 만드시는 하나님

바울의 기도 (3)

―

기도의 사람은 하나님에게 일방적으로 떼쓰는
사람이 아닙니다.
자신이 바라는 것을 관철하기 위해 막무가내로 밀어붙이는
사람이 아닙니다.
도리어 자기를 향한 하나님의 뜻이 무엇인지를
깊이 들여다보는 사람입니다.
기도하는 사람은 무엇보다 하나님이 그려준
자기 운명의 지도를 보는 사람입니다.

―

주님, 어찌하여 제 몸의 괴로움을 두고만 보십니까?

바울 사도가 이렇게 간청하기를 세 번! 얼마나 몸의 괴로움이 극심했으면 어린아이가 떼를 쓰듯 그렇게 세 번씩이나 간청했겠습니까. 그가 어떤 지병을 가지고 있었는지, 성서에는 기록되어 있지 않습니다. 학자들에 의하면, 심한 눈병이나 간질을 앓았을 거라고 추측할 뿐입니다.

우리가 읽어서 아는 대로 바울 사도는 보통 사람들이 체험하지 못한 '셋째 하늘'에까지 올라갔다온 사람입니다. 그것은 형언할 수 없을 정도로 놀라운 신비체험이었던 모양입니다. 그가 다녀온 셋째 하늘! 그 하늘이 어떤 하늘이었는지, 우리는 짐작조차 할 수 없습니다. 그 하늘이 요한이 묵시 속에 본 그런 휘황찬란한 영상의 하늘이었을까요.

태양이나 달이 비칠 필요가 없는 도성.
하나님의 영광이 그 도성을 밝혀주는 빛이며

22 부족한 가운데서도 걸작을 만드시는 하나님
__바울의 기도(3)

어린 양의 등불이 찬란한 빛을 비춰주는 도성.
수정같이 빛나는 생명수의 강이 하나님과 어린 양의
옥좌로부터 나와 넓은 거리 한가운데를 흐르는 도성.
생명수의 강 양쪽에는 열두 가지 열매를 맺는
생명나무가 있어서 달마다 열매를 맺고 그 나뭇잎이
만국 백성을 치료하는 거룩한 새 예루살렘 도성.
(요한계시록 21, 22장)

내 약함을 자랑하려고 합니다

물론 바울 사도가 본 것이 이런 황홀한 영상이 아닐 수도 있습니다. 하여간 그 셋째 하늘에서 본 놀라운 영상과 이상한 소리, 그것은 '사람의 말'로는 형언할 수 없었다고 합니다.

하지만 바울은 자기가 본 셋째 하늘의 그 황홀한 신비를 자랑하고 싶다고 말합니다. 그래, 얼마나 드러내놓고 자랑하고 싶었을까요. 누군가에게 말하고 싶어 얼마나 입이 근질거렸을까요.

그렇지만 바울은 그 신비와 경이로 가득 찬 셋째 하늘에 대해서는 얼벙어리처럼 입을 꾹 다물고 맙니다. 왜 입을 다물고

발설하지 않았을까요? 그는 사람들이 자기에게서 보고 듣고 한 것 이상으로 자기를 과대평가할까봐! 또 다른 이유는 '굉장한 계시'를 받았으므로 스스로 우쭐해져 교만해질까봐!

그런데 바울의 그 놀라운 신비체험은 관념이지 자기 몸의 현실은 아니었습니다. 앞서 말한 것처럼 몸의 장애가 그를 괴롭혔기 때문입니다. 그래서 바울은 그 고통에서 벗어나기를 주님께 세 번씩이나 간청했으나 응답받지 못했습니다. 아니, 응답은 받았으나 그 응답은 그가 소원하는 것이 아니었습니다.

내 은혜가 네게 족하다. 내 능력은 약한 데에서 완전하게 된다(고린도후서 12:9).

바울은 이런 주님의 응답에 대해 이렇게 항변할 수도 있었을 것입니다.

주님, 정말 야속하십니다. 언제는 형언할 수 없는 셋째 하늘의 그 휘황찬란한 낙원까지 보여주시더니, 그까짓 몸의 병 좀 고쳐달라는 소원을 안 들어주시다니요. 그리고 당신의 사도로서의 제 체면도 좀 세워 주셔야 하지 않겠습니까. 날마다 병으로 골골거리면서 어떻게 주님의 능력 운운하란 말입니까?

그러나 바울은 아무런 항변이나 원망도 하지 않고 그냥 그것을 받아들입니다. 가시로 찌르는 것 같은 몸의 아픔을 그렇게 받아들이는 마음이 얼마나 힘들었을까요. 하지만 그는 받아들일 뿐만 아니라 그것을 적극적으로 긍정하기까지 합니다.

> 그리스도의 능력이 내게 머무르게 하려고, 나는 더욱더 기쁜 마음으로 내 약점들을 자랑하려고 합니다(고린도후서 12:9).

헉! 자신의 약점을 자랑하다니! 아무나 할 수 있는 일이 아닙니다. 자신의 장애를 자랑하다니! 누구나 할 수 있는 일이 아닙니다. 보통 사람들 같으면 자신의 약점은 감추려 하고, 자신의 장애는 드러내고 싶어 하지 않습니다.

바울은 그러지 않았습니다. 그렇게 할 수 있었던 것은 바울이 진정한 기도의 사람이었기 때문입니다. 기도의 사람은 하나님에게 일방적으로 떼쓰는 사람이 아닙니다. 자신이 바라는 것을 관철하기 위해 막무가내로 밀어붙이는 사람이 아닙니다. 도리어 자기를 향한 하나님의 뜻이 무엇인지를 깊이 들여다보는 사람입니다. 그렇습니다. 기도하는 사람은 무엇보다 하나님이 그려준 자기 운명의 지도를 보는 사람입니다.

바울의 운명의 지도에는 낙원을 볼 수 있는 위대한 영적 능

력이 주어져 있었습니다. 하지만 그 운명의 지도에는 그가 고통스럽게 걸머지고 가야 할 몸의 약함[질병]도 주어져 있었던 것. 바울은 그것을 '통째로' 수용했습니다.

왜 하나님은 바울에게 뛰어난 영적 능력을 주시면서 몸의 건강은 주시지 않았을까요. 다 주시면 얼마나 좋겠습니까.

브리콜라주(Bricolage)

오늘 우리 자신의 삶을 들여다보아도 그렇습니다. 과거 어느 때보다 물질의 풍요를 누리지만, 우리는 극심한 정신적 빈곤에 시달립니다. 물질의 풍요를 누리면서 정신의 빈곤에서 벗어날 수는 없는 것일까요. 우리는 둘 다 누리기를 바라지만 그것이 우주의 섭리는 아닌 모양입니다. 바울은 이 우주의 섭리를 적극적으로 긍정합니다. 자신의 운명을 있는 그대로 사랑합니다(처음부터 그런 것은 아니지만!).

오늘 우리도 진정으로 우리 자신의 인생을 건강하게 가꿔나가고 싶으면 먼저 하나님이 우리에게 주신 자신의 운명을 존중하고 사랑할 수 있어야 합니다. 철학자 프리드리히 니체도 '네 운명을 사랑하라'고 했습니다. 그렇지 않으면 우리는 부질없는 팔자타령이나, 한 방에 역전하는 도박심리만 키우게 될 것입니다. 하나님을 믿는다면서도 틈만 나면 '로또복권'을 사는 사람처럼!

동양의 주역에서는 우리 모두가 '태과불급太過不及'의 처지로 세상에 온다고 말합니다. 넘치거나 모라자게 온다는 말입니다. 예컨대 스티븐 호킹 박사를 생각해보십시오. 두뇌는 세상의 그 누구도 따를 수 없을 만큼 탁월하지만, 몸은 극심한 장애로 고통 받으며 살고 있지 않습니까.

세상을 오래 살아본 지혜로운 사람들은 압니다. 모든 조건을 완전하게 갖춘 존재는 세상 어디에도 없다는 것을. 그러므로 우리가 알아야 할 것은, 지금의 내 몸, 그리고 내 삶의 조건은 우주적으로 볼 때 '최선'이라는 것입니다.

바울은 주님의 말씀을 통해 그것을 분명히 깨달았습니다. 하나님의 능력은 사기 몸의 약함 속에서 진가眞價를 드러내게 된다는 것을! 그러니까 자기에게 주어진 것 가운데 자신의 약함을 적극적으로 긍정함으로써 하나님의 능력을 드러낼 수 있다는 것을.

브리콜라주(Bricolage)라는 말이 있습니다. '손에 닿는 재료들을 가지고 창조적이고 재치 있게 활용한다'는 뜻입니다. 어디서 구해온 특별한 재료가 아니라 자기 주위에 있는 흔한 재료들을 가지고 창조적인 작품을 만들어내는 예술가가 그렇습니다.

위대한 예술가인 하나님의 창조방식은 어쩌면 브리콜라주에 해당하는 것이 아닐까요. 우리가 지니고 있는 긍정적인 면만 아니라 질병, 약함, 콤플렉스 같은 부정적인 것들을 가지고도 놀라운 걸작傑作을 만들어내시니까 말입니다.

너나없이 우리는 모두 육체적 장애, 약점, 심리적 콤플렉스를 지니고 삽니다. 우리는 그걸 받아들이려 하기보다는 내치려 하거나 은폐하면서, 거기서 벗어나고 싶어 합니다. 그것이 우리의 삶을 풍성하게 할 값진 보물이라는 걸 모르고!

하나님께서는 그것을 모르는 채 툴툴거리며 살아가는 이들에게 이렇게 말씀하시지 않을까요.

이 사람아, 그대 안에 있는 빛만 아니라 어둠도 소중한 재료야.
건강만 아니라 질병, 장애도 소중한 재료야.
그대 안에 있는 재료들로 위대한 걸작을 빚어내 보라구!

23

당신 영혼의 가장 맛있는 부분을 주라

바울의 기도 (4)

우리가 행동하는 기도를 올리려면
영적인 감수성이 민감해야 하고,
남들의 입장에 서볼 수 있는 자비의 상상력과
헌신의 마음이 있어야 합니다.
이런 기도를 올릴 수 있는 사람이 진정 그리스도의 제자입니다.
하지만 제자가 되는 일은 그렇게 쉽지 않습니다.
제자는 스승의 발아래 엎드려 순종할 줄 알아야 하고,
더 나아가 자기 인생을 걸어야 하는 일이기 때문입니다.

'언제 어디서나 그리스도인!' 서울에 있는 어느 교회의 표어입니다. 그 표어를 떠올릴 때면 문득 생각나는 이야기가 하나 있습니다. 18세기 유럽의 유대교도 사이에 일어난 신비주의적 경향의 신앙부흥운동인 하시디즘에 나오는 이야기입니다.

한 상인이 랍비인 자덕에게 물었습니다.

"물건을 사고팔며 장사를 하는 순간에도 하나님을 생각해야 합니까?"

랍비가 빙그레 웃으며 대답했습니다.

"물론일세. 기도할 때는 장사를 생각하면서, 장사할 때 하나님을 생각하지 않으면 되겠는가?"

'행동으로 기도하라'

이 이야기는 일상과 신앙, 노동과 기도의 분리를 당연시하는 이들에게 따끔한 일침을 가합니다. 사도 바울도 고린도교회

신자들에게 보낸 편지에서 "여러분은 먹든지 마시든지, 무슨 일을 하든지, 모든 것을 하나님의 영광을 위하여 하십시오"(고린도전서 10:31)라고 권고했습니다. 저는 바울의 이런 권고를 우리의 일상 속에서 '행동으로 기도하라'는 말씀으로 받아들입니다. 하지만 우리는 분리할 수 없는 일상과 기도, 그 둘을 분리하는 데 익숙합니다.

하나님께서 다스리시는 창조세계를 조금만 깊이 들여다보십시오. 과연 우리의 일상과 기도를 분리할 수 있을까요. 하나님께서는 영적인 것과 물질적인 것들을 섞어 짜셨고, 거룩한 것과 세속적인 것들을 조화시키셨으며, 평범하고 일상적인 것들을 신성하게 하셨습니다.

얼마 전 젊을 때 신장이 다 망가져서 이십 년째 투석透析 시술을 하는 친구 시인을 만났습니다. 일주일에 두 번씩 병원에 가서 서너 시간씩 꼼짝도 못하고 누워서 투석 시술을 받는다고 했습니다. 친구가 옷깃을 걷어 양 팔을 보여주는데, 시커멓게 변한 팔뚝에는 온통 바늘자국으로 가득했습니다.

그래서 제가 얼마나 힘드냐고 위로하자 친구는 빙그레 웃으며 대답했습니다.

"나에겐 투석하는 시간이 하나님께 예배하는 시간인 걸!"

저는 그 얘기를 듣는 순간 뭉클한 전율이 가슴에 와 닿았습니다. 그 오랜 고통의 순간들을 '예배'로 승화하다니! 이거야말로 행동하는 기도가 아닙니까. 안토니 블룸의 말처럼 기도가 의미를 갖는 것은 기도가 우리의 일상적 삶과 만날 때입니다.

> 기도와 삶이 완전히 일치하지 않으면, 기도는 하나님께 시간을 드리면서 때때로 하나님께 올려 드리는 일종의 정중한 서정시가 되고 만다.

교회 예배 때 드려지는 공중기도를 듣다보면 숱한 미사여구로 꾸며진 서정시 같은 기도가 얼마나 많습니까. 미사여구 속에 진심이 담기는 경우는 드뭅니다. 미사여구로 사람의 마음을 끌어당길 수는 있어도 하나님의 마음을 움직일 수는 없습니다. 그런 기도는 사람의 관심을 끌기 위한 기도이지 하나님의 보좌를 흔들만한 기도는 아닙니다. 위대한 기도의 스승 바울. 그는 행동하는 기도를 남에게 권하기만 한 것이 아니라 그 자신이 행동하는 기도의 사람이었습니다.

감옥, 하나님을 모시는 거룩한 성소

바울이 빌립보라는 도시에 전도하러 갔을 때였습니다. 그는 그 도시에서 전도를 하다가 억울한 누명을 쓰고 신앙의 동료인 실라와 감옥에 갇혔습니다.

감옥에 갇히게 된 사연은 이렇습니다. 점을 쳐서 주인에게 돈을 벌어주는 점쟁이인 여종이 악령에 사로잡힌 것을 보고 바울은 측은한 마음으로 그 여인을 악령에서 해방시켜 주었습니다. 악령에서 해방된 그 여인은 더 이상 점을 칠 수 없었습니다. 그러자 돈벌이의 희망이 끊어진 여종의 주인은 '평화를 어지럽히고 로마법과 질서를 파괴하는 위험한 선동자'라며 바울을 법정에 고발했던 것입니다.

결국 바울은 심한 매를 맞고 탈출은 꿈도 꾸지 못하도록 삼엄한 경계가 이루어지는 감옥에서 지내게 되었습니다. 바울은 실라와 함께 부자유스런 수인이 되어서도 기도를 멈추지 않았습니다. 감옥이 그들의 육체를 가둘 수는 있어도 그들의 자유로운 혼을 가둘 수는 없었습니다. 기도는 자유로운 혼의 징표입니다. 두 사람은 소리 높여 하나님을 찬미하기까지 했습니다. 바울에게는 감옥 또한 하나님을 모시는 거룩한 성소였던 것입니다.

그 때에 갑자기 큰 지진이 일어나서, 감옥의 터전이 흔들렸다. 그리고 곧 문들이 모두 열리고, 모든 죄수의 수갑이며, 차꼬가 풀렸다. 간수가 잠에서 깨어서, 옥문들이 열린 것을 보고는, 죄수들이 달아난 줄로 알고, 칼을 빼서 자결하려고 하였다(사도행전 16:26-27).

그러나 바울은 감옥 문이 활짝 열려 있음을 알고도 도망치지 않았습니다. 도망치기는커녕 자살하려는 간수에게 '그러지 말라. 아무도 달아나지 않고 여기 그대로 있다!'며 그를 살려주기까지 했습니다.

바울은 어느 한 순간도 행동하는 기도자의 자세를 흩뜨리지 않았던 것입니다. 어찌 기도하는 사람이 자기 목숨을 연명하기 위해 다른 이를 죽음의 위험에 몰아넣을 수 있겠습니까. 기도하는 사람은 타인의 생명이 자기 생명과 나누어져 있다고 여기지 않습니다. 하나님의 생명 안에서 모두가 하나라는 것을 늘 기억합니다. 간수는 바울 같은 사람을 처음 만났던 모양입니다. 그는 바울과 실라를 감옥 바깥으로 데리고 나와 부들부들 떨면서 물었습니다.

두 분 선생님, 제가 어떻게 해야 구원을 얻겠습니까?(사도행전 16: 30)

바울은 이처럼 수인으로 고통 받고 있으면서도 사람의 영혼을 살리는 일을 했습니다. '누군가를 살게끔 하는 것이 사랑'(공자)이라고 했던가요. 위대한 기도의 사람들은 이런 사랑을 실천했던 이들이 아니던가요. 바울은 간수의 간곡한 물음에 이렇게 답변합니다.

주 예수를 믿으십시오. 그러면 그대와 그대의 집안이 다 구원을 얻을 것입니다(사도행전 16:31).

'영혼의 가장 맛있는 부분'

그날 밤 바울은 간수와 그 집안 온 식구들에게 주님의 말씀을 들려주었습니다. 한밤중이었는데도 간수는 그 두 사람을 데려다가 상처를 씻어주었고 그 자리에서 그와 온 가족이 세례를 받았습니다. 그리고 바울과 실라를 자기 집에 데리고 가서 음식을 대접하며 하나님을 믿게 된 것을 온 가족과 함께 기뻐하였다고 합니다.

간수와 그의 가족들이 바울의 은혜를 입고 그토록 기뻐한 것은 바울이 그 '영혼의 가장 맛있는 부분'(다니카와 슈운타로)을 자신들에게 주었다고 느꼈기 때문일 것입니다. 바울이 그들에게 소개한 '주 예수'야말로 자기 영혼의 가장 맛있는 부분이었으니까요. 바울은 온몸으로 갈라디아 교우들에게 고백한 적이 있습니다. 주 예수의 십자가 외에는 자랑할 것이 없다고, 자기는 이미 십자가 위에서 죽고 이제는 오직 그리스도로 산다고!

그렇습니다. 우리가 누군가에게 자기 영혼의 가장 맛있는 부분을 내어줄 수 있다면, 그것이야말로 행동하는 기도가 아닐까요.

> 남들이 느끼는 것을 저도 느끼도록
> 주님, 저에게 민감함을 주십시오.
> 남들의 자리에 서볼 수 있도록
> 주님, 저에게 상상력을 주십시오.
> 예수를 통하여, 예수 안에서,
> 사람 되는 것이 어떤 것인 줄 아셨던
> 당신의 자비는 실로 위대하십니다.
> 그 자비를 저도 나눠 가지게 도와주십시오.

이 기도문은 예수 그리스도의 가르침을 곧장 자신의 삶의 현장에 적용시키는 삶을 살았던 채프먼이라는 목사가 올린 것입니다. 그는 교목으로 학생들을 섬기면서 좋은 기도문을 많이 남겼다고 합니다. 우리가 행동하는 기도를 올리려면 채프먼 목사의 간구처럼 영적인 감수성이 민감해야 하고, 남들의 입장에 서볼 수 있는 자비의 상상력과 헌신의 마음이 있어야 할 것입니다.

이런 기도를 올릴 수 있는 사람이 진정 그리스도의 제자입니다. 오늘날 신자는 많지만 제자가 되고자 하는 사람은 드뭅니다. 그리스도인이라는 명패를 가슴에 착용하는 일은 어려운 일이 아닙니다. 하지만 그리스도의 제자가 되는 일은 그렇게 쉽지 않습니다. 제자는 스승의 발아래 엎드려 순종할 줄 알아야 하고, 더 나아가 자기 인생을 걸어야 하는 일이기 때문입니다. 자기 인생을 선나는 밑은 자기 영혼의 가장 맛있는 부분을 그리스도에게 기꺼이 바친다는 말입니다. 이처럼 자기 인생을 내맡기는 제자가 매우 드문 오늘의 그리스도교는 캄캄한 밤입니다.

그러나 밤은 언제나 샛별을 품고 있습니다. 우리는 캄캄한 서쪽 하늘에 떠 있는 샛별을 보며 이제 곧 새로운 여명이 동틀 것을 압니다. 영혼의 어둔 밤에도 잠들지 않고 깨어 있는 한 시인의 노래가 우리에게 그것을 새삼 일깨워줍니다.

23 당신 영혼의 가장 맛있는 부분을 주라
_바울의 기도(4)

나, 한 뙈기 밭으로 진토가 될 터이니
내가 갖지 못한 그대의 씨앗으로 경작하여 눈뜨게 하라.
나를 식목하여 일어서게 하라.
그대, 하늘의 십이궁으로, 대지의 열두 지파로,
땅 속 열두 개의 지각판으로 흩어져
성령의 나라를 세울 목자여.
가난하고 소박한 신의 종자從者여.
말이 잊히고 혀가 썩고 절대의 서판書板들이 먼지가 될지라도
죽음으로써 내 삶이 헛되었음을,
죽음으로써 정녕 내가 거듭남을 알게 하라.
 - 김영래, 〈사순절 40〉 부분

바다꽃 기도의 숲에게 배우다

1판 1쇄 인쇄 2013년 7월 10일
1판 1쇄 펴냄 2013년 7월 15일

지은이 고진하
펴낸이 한종호
디자인 박지영, 이수광
인쇄 예원프린팅

펴낸곳 꽃자리
출판등록 2012년 12월 13일
주소 서울시 종로구 돈의동 돈화문로 9길 14
전화 02 744 7464
전자우편 amabi@daum.net

Copyright ⓒ 고진하 2013

* 이 책은 저작권법에 따라 보호받는 저작물이므로 무단 전제와 복제를 금합니다.
* 저자와의 협의에 따라 인지를 생략합니다.
* 잘못된 책은 바꾸어드립니다.

ISBN 978-89-969898-4-4 03230
값 15,000원